若手が伸びる会社が育成でやっていること

Developing Young Talent：
The High-Growth Company Playbook

プルチャーム株式会社 代表取締役
田島一貴
Tajima Kazutaka

CROSSMEDIA PUBLISHING

「人は一人では決して幸せになれない。
いい成績をとったことを
心から喜んでくれる人がいなかったら、
そんなものはクソくらえだ」

小山内　美江子（『金八語録2（第5シリーズ第1話99年10月14日放送）』より）

はじめに

昭和と令和の壁を超えて、イマドキ部下を育成する

2010年以降、急速に変化した日本の職場において、いわゆるZ世代と呼ばれる若手人材をどう育成していくかが大きな課題となっています。

リクルートワークス研究所が2023年に公表した「『ゆるい職場』と若手の研究」によれば、大手企業マネジャーの約75%が「若手が十分に育っていない」と回答しています。働き方の多様化やワークライフバランスの浸透、景気の低迷などにより、**給与や出世より働きやすさや安定を求めるZ世代は、昭和世代とは明らかに違う価値観を持っており、昭和世代の当たり前は通用しません。**

私が社会に出て最初に仕事を教わった職場では、新人は誰よりも早く出社して誰よりも遅く帰れという、ありえない常識がまかり通っていました。

今考えれば、とんでもなくブラックな教えですが、努力と根性でがむしゃらに働けば、

道は拓けるとみんなが信じていたのです。マスコミの発信する情報だけが絶対の正解だった時代、誰もが同じような価値観を持ち、そのやり方に疑問を持つ者はいませんでした。

でも、令和世代の若者たちは違います。SNSなどを通して、多様な人々の発信する情報が無限に手に入る時代を生きてきた彼らは、自分がよさそうだと思う情報だけを取捨選択することが可能です。そのため、**タイパ・コスパこそすべてという考え方に偏ったり、自分の推しが言うことなら何でも受け入れてしまったりします。**

同じ若者でも価値観は無数に存在し、仕事に何を求めるかも人それぞれです。上司はそうした現実を理解したうえで、仕事を教える必要があります。

また、若者たちは上司の仕事ぶりを日々観察し、対応を使い分けています。自分との相性はどうか、仕事ができそうかどうか、会社からの評価はどうか、教え方は適切かなど、上司の得意・不得意を頭に入れて付き合い方を変えているのです。

「この仕事はAさんが得意だからAさんに聞いてみよう」

「Bさんは直属の上司だけど、できるだけ関わらないほうがいい」

このように、**「この人とは付き合わなくてもいい」と判断すると、その上司には寄り付かなくなり、最低限のやりとりすらしなくなります。**

やがて、この職場や上司のもとでは、成長したいのに成長できないと考え始め、キャリア不安を募らせていき、離職してしまうのです。

では、そうした若者たちにどのように接し、どう育てていけばいいのでしょうか。

本書では、その問いに答えるために、おおむね40代半ばから50代前半くらいまでを昭和上司、新卒から20代後半までを令和世代の若手と定義し、昭和と令和の世代間ギャップを示しながら、イマドキ部下の育成に必要なコミュニケーション手法、若手に学ばせたい重要スキルやマインドセット、上司としての心構えなどを解説していきます。

最近よく見かける若手人材の育成本は、上司が若手にどのように気を遣えばいいかを説明するものが多く、上司はまるで幼稚園の先生のようです。本に書かれていることを全部実践しなくてはいけないなら、そこはもう会社とは呼べません。会社は仕事をし、利益を生む場所という基本に立ち返り、部下を育て上げる気概を持ちましょう。

私は、新卒で入社した大手介護総合事業会社で特別養護老人ホームやデイサービスの立ち上げに携わったあと、大手総合商社のＩＴ系子会社、ＥＣ運営・ウェブマーケティング系上場会社の開発責任者を経て、２０２１年にプルチャーム株式会社を設立しました。

弊社は、女性向けへアケア商品、化粧品、健康食品の企画・販売をＤ２Ｃで行っていますが、創業からわずか3年で年商8億円を突破しています。その原動力となったのは、まぎれもなく、平均年齢30歳前後の若手女性社員たちです。

入社間もない彼女たちに、利益が出る根拠を数字で示す大切さを教え、責任ある仕事を任せて、時には失敗を経験させせながら戦力化を図る一方、若者ならではの感性やアイデアを取り入れ、商品開発に活かしてきました。

採用募集をかけてもよい人材が集まらない、採用してもすぐに辞めてしまうと嘆く前に、できることはたくさんあります。若手が育たない理由は様々ではありますが、**まずは上司側に何か問題があるのではないかと、わが身を振り返り、行動や振る舞いを変えるところ**

から始めましょう。

本書が若手人材の育成に関する悩みをひとつでも多く解消し、組織の活性化や事業の成長に寄与できることを願っています。

田島一貴

もくじ

Contents

第2章 失敗を通して仕事の楽しさを教える

第3章 強みを見つけて成功体験を積ませる

第4章 「若手に辞められたら困る」問題の解決策

第5章 少数精鋭企業が実践する人材採用と育成の仕組み

序　章

すれ違う昭和世代と令和世代の価値観

ヒットドラマに見る昭和と令和の世代間ギャップ

2024年上半期に話題になったドラマ『不適切にもほどがある！』。ご覧になった方も多いと思います。若い世代の中には、「本当にこんな人がいるのか？」とカルチャーショックを受けた方も多かったでしょう。今も昭和の価値観を引きずっている上司や先輩が周りにいる方は、あるあるネタとして面白くご覧になったのではないかと思います。私は90年代に青春時代を過ごしましたので、当時をリアルに思い出しました。

しかし何より、私がドラマを見ていて感じたのは、世代間の圧倒的な情報量の差です。私が中・高校生だった頃は、周囲のみんなが同じ価値観を持っていました。それもそのはず、私たち昭和世代は、**マスコミが情報を一手に握っており、マスコミの発信する情報こそが唯一絶対の正解**だったからです。

大多数の人間が同じお笑い番組や恋愛バラエティを見て、無意識のうちにそこで行われていることが常識だと刷り込まれていました。たとえば、次のようなことです。

「誰かを笑いものにしてもウケれば正義」

「恋愛とは男がリードするもの」

「女子にモテるファッションはこれ」

これらマスコミが作った教科書が流通する時代には、正解はひとつしかありません。価値観の対立が起きにくく、みんなで目標に向かって一致団結できる時代でした。将来設計の仕方、恋愛の仕方など、本来ならば個人によって違うはずのことも、一億総中流時代には「これだ！」という王道モデルが存在していました。

ビジネスの場でも同じです。私が社会に出て最初に仕事を教わった現場では、「新人は誰よりも早く出社して、誰よりも遅く帰れ」という、ありえない常識がまかり通っていました。今考えればとんでもなくブラックな教えです。けれどもそれが、新人教育と呼ばれた時代でした。仕事の進め方を具体的に教わりたいのに、言われるのは「始業一時間前に来い」。努力と根性でがむしゃらに量をこなせば、道は拓けるとみんなが信じていました。

モノを作れば売れた時代、今のように「どこにどれだけの資源を投下すれば、最も効率よく利益が出るか」という考え方はありません。努力と根性の教えは、もっと上の世代から金科玉条のように伝わってきていて、誰もそのやり方に疑問を持っていませんでした。限定的で精査されたマスコミの情報源（テレビ、ラジオ、新聞、雑誌など）しかない時代の弊害です。他に知らないから、変えようがなかったのでしょう。

令和世代の若者たちは違います。デジタルネイティブなZ世代は、わからないことは即座にスマホで検索できます。そして、人によって、世代によって、地域によって、国によって問いの答えが違うことも知っています。

多様な価値観を持つ人々の発信する無限の情報が無料で手に入り、そこからよさそうな部分をコピペして自分の教科書を作ることができるようになりました。「とにかく頑張る」ことしかできなかった時代から、複数メディアの大量情報を精査・吟味する力が問われる時代へと変化したのです。

けれども、日本の教育はいまだ詰め込みで、考えることを教えません。令和世代の子たちは、大量の情報を収集・分類することは得意です。しかし、その中で**本当に自分に役立**

つ**「人生の教科書」を作り上げることが苦手**です。

そのため、タイパ・コスパという「効率こそが正解」という価値観に偏ったり、同世代のマジョリティがよいと思うものや、自分の推しがよいと言うものをなんでも受け入れてしまいがちです。そして、それらを自分の意見として採用してしまいます。本当に自分がよいと思うもの、好ましいと思うものが何なのかがわかりません。

令和の今は、昭和の時代と違って、自分と同じ人生の教科書を採用している人ばかりではありません。人の数だけ価値観は違います。そして、若者たちは他人と争ってまで自分の意見を押し通したいと思うほど強いこだわりがありません。周囲と衝突しないように自分の意見を隠して、目立たないことを選ぶようになりました。強く主張しないことが生きるための重要な戦略として採用されたのです。

「今の若い世代の社員には自分の意見がない」と嘆息する昭和の上司は、そういう背景を知って、彼らの特性に寄り添った対応を学ぶ必要があるでしょう。

昭和世代が学んできたやり方は若者に通じない

ここまで見てきただけでもおわかりのように、世代間のギャップは努力なしには埋めがたいものがあります。ある業界の昭和の上司は「最近、調子どう？」と話しかけながら、男女問わず部下の肩をもむことが、コミュニケーションだと刷り込まれてきました。「何を聞かれているのかわからないけれど、先輩たちがみんなしていることだから、これが正解なのだろう」と真似をして、肩もみコミュニケーションを続けてきました。

「最近調子どう？」とは、明確な答えを求めているわけではありません。もちろん、体調を気遣っているわけでもなく、単なる会話のきっかけであり、挨拶のようなものです。それが通じる世代の中では、うまく機能する言葉でした。

ところが令和の今、部下にこんなコミュニケーションをしようものなら、おそらくこう思われます。

「この人、何が言いたいんだろう？」

「なれなれしい。仲よくもないのに、距離が近すぎる」

「勝手に肩にさわらないで！　セクハラ親父！」

昭和世代がモデルにしてきた上の世代のコミュニケーションは、若者たちに嫌悪感を抱かせます。「この人は生理的に無理だ」「参考にすべきことがない」と判断されたが最後、昭和上司の言葉は、一応部下である若者にはまったく届かなくなってしまいます。

これでは、部下の育成どころではありません。会社の隣りの席に座りながら、ひと言も会話できずに一日が終わる。そんな関係はお互いストレスですし、会社にとってもよいことは何もありません。

会社をもっと強くするためには、まず、**上の世代から刷り込まれた妙なコミュニケーションを正し、部下との関係性をよくしたうえで部下を育てていくのが道理**です。

「ゆとり」と「Z」の異質な距離感

団塊ジュニアの昭和世代は、令和の若者とは通じ合えなくても、30代後半くらいの中間管理職たちとは案外話ができるものです。今の30代半ば以降の人たちは、平成入社世代で、まだまだ昭和のおじさんたちが会社で活躍していた頃に薫陶を受けています。したがって、昭和のコミュニケーションを不快だと思いません。

つまり、昭和世代だけではなく、平成ひと桁世代も案外昭和臭いコミュニケーションに馴染んでいるということです。ということは、**35歳（ゆとり・さとり世代）のマネジャーと25歳（Z世代）の若手社員にも、昭和と令和のコミュニケーションギャップのようなことが起きてしまう**可能性があります。30代上司の言葉が思うように伝わらず、20代部下に曲解されるという話をよく聞くのは、このような背景からです。

［図1］日本と海外の世代論

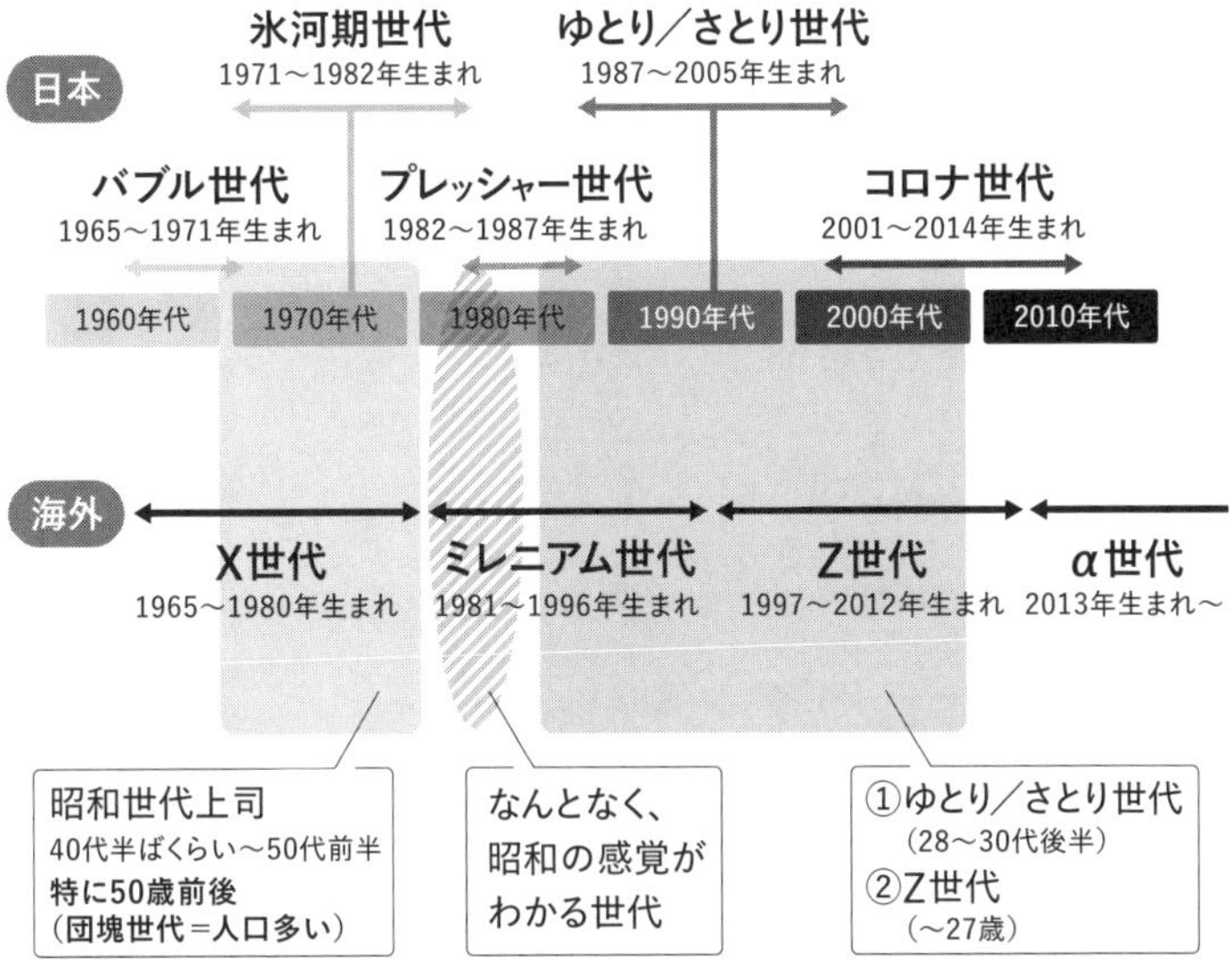

仕事の話をしたかったのに、上司からまったく仕事と関係ないプライベートな話をされた。上司はほめたつもりなのに、そう伝わっていない。叱ったはずなのに同じミスをする。

令和世代と昭和世代のすれ違いのようなことがここでも起きてしまいます。意思疎通ができていないと感じたら、30代上司たちも自分のコミュニケーションを振り返って、令和世代にわかりやすいコミュニケーションを心がけてみてください。

なぜ、あなたの言葉は部下に響かないのか

令和世代には、他人が何と言おうと、どう見られようとも気にしない「マイペースな若者」がほとんどいません。周囲が自分をどう評価しているか、自分が正しい枠・位置に属しているかをとても気にしています。そして、他人のことも常に観察し評価しています。

部下や後輩ができたときは、普段の仕事ぶりやつまらないダジャレ、コンプライアンスぎりぎりの冗談までもが、社内の若手全員に見られ、評価されていると意識したほうが無難です。若者たちは観察の結果から、対応を使い分けています。自分との相性、仕事ができそうかどうか、教え方は適切か、その人の得意・不得意な分野などを頭に入れて判断しています。そうしたうえで、次のように付き合い方を変えています。

「この仕事はAさんに教えてもらおう」

「Bさんは直属の上司だけど、できるだけ関わらないほうがいい」

このように若者の強みである「情報の収集と分析」を人間関係でも発揮しているわけです。そして、**「この人とは付き合わなくてもいい」と判断すると、若者はその上司や先輩に寄り付かなくなります。**関わりを絶ち、最低限のやりとりすらしなくなります。見切りをつけた人間との付き合いからは得るものがなく、関係を続けてもタイパ・コスパが悪いと判断して切り捨ててしまいます。そうなると上司や先輩は、仕事を教える以前に日常のコミュニケーションが成立しません。

昭和世代が少し気をつけるだけで、若者とうまくやっていけるなら、そのほうが会社のため、売り上げのためになります。こちらから歩み寄ることです。

どこの業界にも「いつの時代のファッションだろう？」と思わせる奇抜ないでたちの方がいらっしゃいます。バブルの頃のギラギラした時計を身につけ、先の尖った靴を履き、ありえない色のダブルのスーツをまとって、「どうだ！」と顔に書いてあるような……。

かつてはかっこいいともてはやされ、最先端のファッションリーダーだったのかもしれません。しかし、それは妙齢女性が肩パットの入ったジャケットを着てボディコンのミニスカートを履いて、逆毛を立てて出社してくるようなものです。どう見ても時代錯誤です。自覚がある方は、まず見た目を変えてみるのも手です。

若者が、金ぴかの高価な時計に圧倒されたり、憧れを感じることはありません。どちらかというと、「見栄っ張りのイタい人」とレッテルを貼られ遠ざけられます。尊敬される上司は、ゴージャスな持ち物で武装しなくても、中身のかっこよさが自然とにじみ出るものです。

私が若い頃に憧れた先輩たちは、男性も女性も厳しそうでいて、どこか茶目っ気がある人たちでした。世間では切れ者として恐れられているのに、かわいげがあって、よい意味で隙があると言えば伝わるでしょうか。

私がまだ30代で、渋谷のＩＴ企業で働いていた頃の出来事です。昼食をとるためにチェーン店のそば屋に入って食事をしていると、そのＩＴ企業の社長が偶然隣りに座り、汁を飛ばしながらそばをすすり出しました。メディアにもよく登場する若手の社長です。

私は「上場したてで勢いのあるベンチャー企業の社長が、Ｔシャツ、ジーンズ、スニーカー、Ｇショックで、３００円代のワカメそばなんか食べるのか……」とあっけに取られました。社長というのは、高いスーツをパリっと着こなし、銀座かどこかの高級な店でいつも会食をしているものだと思っていたからです。

するとと私の視線に気づいた社長は、にかっと笑って言いました。

「これ、安くて、旨くて、栄養があって、しかも出てくるまでに時間もかからないじゃん。コスパ最高だよね！」

飾らない人柄が最高にキュートで、「今をときめく渋谷系ＩＴ社長とチェーン店の安いそば」というギャップに心を射抜かれてしまいました。

人間的な魅力は、高級なものを身につけたり、食べたりしなくても自然と周りに伝わって、その人を中心に輪ができてしまうものなのでしょう。そういう上司は、令和の若者にも好かれます。

今も昔も仕事ができる人は尊敬の的

若い世代とのコミュニケーションには、見た目やキャラクターよりも、もっと重要なことがあります。それは現代（令和）風の仕事スタイルができることです。当たり前ですが、昭和世代が若者と時間を共にする場所は社内しかなく、会社の中で評価されないことには、接点を作りようがありません。そのためにも、今足りないビジネススキルは、きちんとリスキリングしておく必要があります。

知ったかぶりをしたり、わからなくてもいいやと開き直ったりすることは、自分のためにもNGです。若い世代との会話のきっかけや、マーケティングのヒントになりそうなSNSなどには、日頃から触れておくべきです。

私はいわゆる団塊ジュニア世代です。ご記憶の通り、私たちの小・中学校、高等学校時代は一学年に400人から500人の生徒が在籍していることが当たり前で、すべての物事に順位をつけられ、競争がとても激しい時代でした。四年制大学に入るには、必死で勉強する必要がありました。

一方、その時代は大学以外の受け皿も多かったので、特に勉強が好きじゃない人は、短大や専門学校に通い、十代最後の貴重な学生生活を遊んで過ごし、何も学ぶことなく社会に出て行きました。ちょうどバブル景気の余波もあって、正社員として就職しなくてもアルバイトや派遣などで食べていけた時代です。必死にビジネススキルを身につけなくても、楽に暮らす方法がいくらでもありました。

こうして私たち団塊ジュニア世代は、頑張って上に行こうとするハングリーで勤勉な層と、食べるのに困らなければいいやという怠惰な層に二極化していきました。けれども、怠惰な層もいつまでもふらふらしてはいられません。30歳になり、親にせっつかれて、あるいは結婚を機に正社員として働き出しますが、ビジネスの経験がないため基礎知識がありません。

そんな状態で、若手の育成やマネジメントを任されても教えられることがなく、困り果てしまいます。そのため、自信なさげに、若手の顔色ばかりをうかがっている……。これが、今の中小企業でよく見られるパターンでしょう。

ならば、今からでも遅くはありません。仕事ができる人は豊富な知識を身につけて、常に勉強してきた人です。才能はいりません。努力ができれば誰でもなれます。努力をする前にあきらめてしまうようでは、いつまでも若手との間に壁を感じながら、ストレスフルな会社員生活を送るしかありません。

がむしゃらな昭和世代には、体系的に学んだビジネススキルはないかもしれません。その代わり経験値があります。**仕事に最も大切な「経験」を積んできているのですから、それを武器にまだまだ伸びていける**はずです。若手に負けないくらい、きちんと勉強をすることです。

若者に「この人の意見なら聞いてみたい」と思われる上司や先輩社員は、自他社問わず仕事で結果を残している人です。若手社員は上の人たちを、役職ではなく仕事ぶりで評価しています。まずは、ビジネススキル、そこに人間的な魅力が加われば若手の見る目が変わります。私の経験上、仕事ができる人は自信があり、それが態度や行動にも表れ、結果として人間的な魅力が増していきます。最初の一歩は勉強です。

最近よく見るタイプの部下育成本では、上司が若者にどのように気を遣えばいいかを説明するものが多く、上司はまるで幼稚園の先生のようです。本に書かれたことを全部しなくてはいけないなら、そこはもう会社とは呼べません。会社は仕事をし、利益を生むところです。基本に立ち返り、部下を育て上げる気概を持ちましょう。

令和世代は上司を見抜いているから、話を聞かないだけです。伝わらないのは、部下が悪いのではなく、**上司側に何か問題があるのではないかと、わが身を振り返るべきです。**本当はとても魅力的な昭和世代。それが伝われば、よいコミュニケーションがとれるはずです。

昭和世代のリアルな経験や仮説には若者も興味がある

私は若い頃に船舶の免許を取りました。きっかけは映画『007シリーズ』です。映画の中のジェームズ・ボンドは、船を操り、セスナを飛ばし、ヘリコプターの操縦ができる超人的なスパイです。単純な青年だった私は、それがとてもかっこよく見え、自分もやってみたいとライセンスを取りました。実際には使いどころがないので、持っていても仕方のない資格です。けれども私はとても満足でした。

同じように、若い頃は純粋な憧れがモチベーションとなって、いろいろなことに手を出しました。サーフィン、バイク、ギターなど、「やってみたい」という好奇心には、必ず「やってみる」という行動がセットになっていました。

同世代の皆さんも、似たような経験があるはずです。ホイチョイ・プロダクションズの映画に憧れてスキーやスキューバダイビングに手を出した方もいるでしょう。昭和世代の私たちは、あれこれ考えずに飛び込める単純さがありました。

若い世代と違うのは、誰かに認められたい、評価されたいと思って行動していないところです。他人がどう思おうが気にしません。今でも昭和世代は、登山やマラソンを好む人が多いようですが、結果をＳＮＳに載せて、誰かにすごいと言われることを期待しているわけではありません。

非リアルの中で最低限他人に認めてもらうことが前提で、自分で目標を決めて淡々と実行し、今の自分を自分自身で認められれば、それで満足しています。そこに他人からのリアルによる同意は必要ないのです。

今の若い世代は先に計算があります。それを自分がすることで、**他人に認められるのか、応援されるのかを考えて、メリットがなければ手を出そうとしません。**体験自体に意味はなく、結果がすべてと思いがちです。

たとえば、作ったことがない料理でも「料理アプリ」を見れば作った気になれます。また、食べてもいないのに感想を数値化して評価するような言動をしがちです。

「あの山で金が採れるらしいぞ」と聞きつけたら、昭和世代はワーッと群がって、無我夢中で山を掘り返します。一方、令和世代は地質図を読み込み、文献をあさり、確実に採れるとわかるところだけ最小限の投資をして掘ります。

昭和に育った私たちは、汗水たらして金を掘る体験自体が楽しくて仕方がないのですが、令和の子たちは、採れた金を誰かにほめてもらえて、やっと楽しいと感じられるのです。

それくらい違うのですから、仕事も「有無を言わさずやれ」では通じるわけがありません。**どういう目的で、どのような手段が最適で、自分の役割は全体の中で何をすることなのか、それがわからずに働くことが苦痛**なのだという彼らの性質を理解しておきましょう。

好奇心旺盛で何でもやってみたい昭和世代の魅力は、圧倒的な量の経験を積んできたことです。先の例で言うなら、たとえ金が採れなくても、採掘の道具と掘り方のノウハウだけは残ります。

一方、令和世代は調査の結果、金が採れないとわかれば、山に出向くこともなく、現場のノウハウは身につかないままです。令和世代になくて、昭和世代が持っている最大の強みは、成功も失敗も含めリアルな体験から来る経験値だと言えるでしょう。

弊社の女子社員たちは、用事があって声をかけても、パソコンを睨んだまま振り返りもせず返事だけしますが、スイーツや食べ物の話をするとにこやかに体ごとこちらを向いて、聞く姿勢を見せます。上司の威厳も何もあったものではありません。仕事の話よりスイーツの話のほうが大事なようです。

私は、親会社がスイーツ事業をしていた関係で、仕事でよくスイーツの食べ歩き調査をしていました。そのため、東京・関東圏のこの店のこの洋菓子は旨いと、自分の体験から語ることができます。言われた女子社員たちは、すぐさま検索して「本当ですね。タルトの評価が高いですね。いつランチ会をしていただけますか?」とちゃっかり返してきます。

マジョリティの評価を追いかけ慣れているZ世代に対して、私たちの世代は自分が体験して知っていることを伝えるので、お互いにやりとりする情報が異なり新鮮です。

また、検索が得意なデジタル世代は、ネットには玉石混交な情報があふれていることを知っているため、リアルな昭和世代の体験談をより貴重に感じます。「この人は、実物を見て食べたことがあるんだ。それなら信頼できる」と納得します。

仕事も同じです。弊社は化粧品メーカーですので、年ごと、季節ごとに様々な商品を開発して市場に出します。新商品の企画会議をしていても、似たようなアイデアが出てくることがあるのですが、そんなときは、過去の実例を教えられる経験を積んだ上司が一目置かれます。

たとえば、紫外線防止効果の高いヘアケア用品を開発したくて、成分Aに着目した案が出たとしましょう。

「その成分を主とした商品企画は、何年か前に販売してみて、まったく売れなかったからNGだね」

これだけではアドバイスと呼べません。知りたいのはなぜダメだったのか、その経過と原因の仮説の説明です。

「成分Aは、Bと混ぜるとべたつきが出てしまって、使い心地がどうやっても改善できなかった。だから、開発をあきらめた経緯があるんだよ。そのときのレポートがこれだよ」

ここまで教えてくれる人には、信頼と敬意を持てるでしょう。**若者は、ネットに出てこないストーリーや仮説にこそ興味を持ちます。**経験はどんどん語って、若手の実体験の少なさを補う心構えでいることです。昭和世代が仕事で経験してきた実例を語ることが、若手を育てることにつながります。育てたいなら言葉を惜しんではいけません。

用件は適切な距離感でストレートに伝える

昭和世代は、小さな頃から青春ドラマや雑誌に登場するようなシナリオ、セリフ、シーンに影響されて育ってきたため、コミュニケーションにおける距離感が令和世代とはかなり違います。よく言えば、家族的で仲間を支えたいという熱意にあふれていますが、それが令和世代には、世話焼きで距離が近すぎると感じられるようです。

令和世代は、助けを求めてもいないのに手を出されると、煩わしいうえに、自分の能力を過小評価されているようで不快に感じるところがあります。**いつでも「ヘルプ」が出せるような関係だけ作っておいて、任せた仕事については見守る程度にとどめるのが望ましい上司の態度です。**

もうひとつ、令和世代が不可解に感じていることがあります。それは、昭和のコミュニケーションには、不要な手続きが多いことです。余計なワンステップがあるために、本来の意図が伝わらないことさえあるようです。

対面式の法人営業がよい例です。昭和世代では、営業先でいきなり契約の話をするのは失礼にあたると先輩から教えられました。天気の話、景気の話、先方の担当者の趣味の話などで、軽く場を温めてからビジネスの話をするものだと言われ、それを守ってきました。

その教育が抜けきっていない昭和世代は令和世代に話しかけるときも、ワンクッション置いて、コミュニケーションの場づくりから入ろうとする癖が出てしまいます。

ところが、今の若手にはこの意図がわかりません。「最近暑いね」と言われても「夏ですから当たり前です」としか思いません。「なぜ、わかり切ったことをいちいち言うのだろう。早く用件を言ってくれないか」とイライラします。趣味の話をしようにもあまりに文化的背景が違いすぎて、音楽もゲームも漫画も令和世代の好みがわかりません。

「君、韓流が好きだったよね？」などとコミュニケーションのつもりで話しかけようものなら、「私のプライベートなことを探ってくる。ハラスメントだ」と受け取られ、肝心な用件を聞いてもらえません。そこから世代間のギャップが始まっています。昭和世代がよかれと思ってしていることは、すべて裏目に出てしまいます。
そんなときは、本題に近いテーマをさらっと雑談の中に入れれば導入になります。仕事に関係する話題を普段からニュースなどで仕入れておくと、それが世代を超えた共通言語となり、スムーズに用件を伝えられるでしょう。

これは、令和世代の若者に知っておいて欲しいことなのですが、昭和世代が何かと無駄話をしてくるように感じたとしても、それはプライバシーを暴こうという悪意や、タイパの悪さからそうしているわけではありません。
昭和世代の先輩や上司は、後輩や部下ともっとフランクに仕事の話がしたいと考えている方が多いと思います。そのために話題を探り、「もっと気軽に話しかけてくれていいんだよ」というアピールのつもりで、話しかけています。「仕事以外の話も気楽にしようよ」という上司からの気遣いです。

今はビジネス書にも「結論から話しましょう」と書いてあり、勉強熱心な若い世代は、それを働くうえでの常識として身につけています。日本独自のビジネスコミュニケーションは、古代の儀式のようなものに感じられるかもしれません。

けれど、普段から用件のみの味気ない会話しか交わしていないと、仕事で何かトラブルが起きても上司に相談しにくい雰囲気が生まれます。**日頃から雑談を交わし合う打ち解けた人間関係が築けていないと、相談することを躊躇してしまい報告が遅れます。**

場合によっては、その遅れが会社に損害をもたらすことも十分あり得ます。昭和世代は、過去にそういう経験をしてきたからこそ、後輩たちに苦い失敗を繰り返して欲しくなくて、話ができる関係づくりに気を配っているのです。

この本を読まれている昭和世代の方々は、こういった事情を若者に汲んでもらうことを期待するのではなく、自分の言葉で説明することを心がけましょう。それが、若者の期待する「要点を明確に伝えるコミュニケーション」です。

徹底した個人主義の背景にある絶望

あるとき、弊社のグループ会社の女性社員４人（いずれも30歳前後の四大卒既婚女性）と話す機会があり、彼女たちに働く理由・生活・家族の価値観を聞いてみたところ、次のような答えが返ってきました。

・働く理由は、自分の経済的な自立のため。夫や両親に頼らず一人でも生きていけるだけのスキルを身につけることが目的。自分が欲しいものは自分で稼いで手に入れたい
・出世はしたくない。部下を持ちたくない。バリバリ働いて上を目指すより、自分のペースと価値観を尊重しながら働き続けられることが重要
・仮に夫が仕事を辞めざるを得なくなっても、自分が養えるくらい稼げることが目標
・けれど、別に夫を支えたいわけではない。稼がない夫はいらない
・パートナーとは、お互いの時間（趣味、友人関係など）を持つことを前提に生活して

いる。家に一緒にいても別々のことをしていていい。2人で同じことをしたいと思わない

・人生の主人公は自分。自分で選んだ家族以外の人は、通り過ぎていくだけの他人。だからあまり興味もなく、適切な距離が欲しい

・子どもはいらない（優先度は高くない）。共働きで実家も遠いし、今の日本の経済や政治の状況を見ていたら、子どもを安心して育てていける生活力と生活環境が維持できるわけがない。また、イマドキは（学校内などの）治安やモラルも安心できない

4人が4人とも同じように考えていることがわかり、驚きました。特に、日本の未来に期待していないところが、私たち昭和世代とは根本的に違います。**社会や会社や親族が自分を守ってくれるはずがない、だから自分で自分を守るしかない、そのためにスキルを身につけておきたいと考えた末の結論**がこれらです。

バブル前後に青春時代を過ごした私たちは、未来は明るいと漠然と信じているところがあり、令和世代の閉塞感はなかなか共感しにくいかもしれませんが、これが令和世代の賢い子たちに見えている現実です。

弊社のグループ会社（社員数60名ほどの中小企業です）でも、「マネジメントはしたくありません」とはっきり言う若い世代が増えました。

「今のチームも5人に増えたし、君は一番ベテランだから、リーダーをやってくれないか」と頼んでも、「嫌です」とはっきりと答えるそうです。

理由を聞くと、自分にはそこまでの能力がないからと謙遜します。しかし実際は、上に立って誰かに仕事の依頼を指示すること自体がストレスになるのでやりたくない、自分のスキルを伸ばすことに忙しくて人の世話までしている余裕がないというのが本音のようです。

そういう若者があらゆる職場に蔓延しているので、社内のトップダウンピラミッド構造がすでに崩れてしまっており、中間のマネジメント層がいないのが、日本の中小企業の現状です。いずれ経営層が引退したとき、こうした会社はどうなっていくのでしょうか。

昇進を嫌がり、現場で自分のスキルを磨くことにこだわる若い世代は、会社を辞めて個人事業主になることを選ぶこともあります。ネットにはそういった個人事業主に仕事を仲介するクラウドサービスがたくさんありますが、私の感覚からすると「このスキルでよく独立して仕事がもらえるなあ」と思う若者たち（Z世代、ゆとり世代）も多く登録しています。昭和世代にとって、デザインやコピーライティングで仕事をすることは、限られた特殊な才能の持ち主にしか許されないイメージがありました。今は、そのハードルも随分下がっているようです。

もしかすると、未来の日本は中小企業が消え、大企業と外注の個人事業主だけが残る時代になるかもしれません。それくらい、人材の確保が難しい中小企業は危機的状況です。

将来を心配する人たちが、若者の働きやすい職場を作ろうと、様々な改善策を実施していますが、令和世代の若者は残業なし、飲み会なし、有休取得率100％などのいわゆる「よい条件」が揃っていても、それが会社に残る決め手にはなりません。

いつまでも**現場のプレイヤーとして求めるスキルと成長を提供してくれる会社が「よい会社」**であり、そこで働き続けたいと考えています。とすると、その中でひと握りでも「マネジメントを仕事として楽しめる層」を育てることが、中小企業のトップの役割なのかもしれません。

自分の感覚より周囲の評価を気にする若者たち

昭和世代には、「誰が何と言おうと好きなものは好き」と言える、自己主張の強さがありました。それがフットワークの軽さとつながり、多くの経験を増やすことができました。

令和世代は、自分の好みを主張するにも、他人の顔色をうかがいます。彼らは自分が興味のあることを、世の中でも人気があるのか、需要があるのか、間違っていないかを気にします。少子化が進行し、大人の目が過剰に子どもに集まる時代を生きてきたため、親や身近な大人に否定されることが怖いのでしょう。

また、首都圏では、小学生の頃から塾通いが一般的だった世代です。学校でも塾でも常に評価され、自分の相対的な位置を把握させられることが刷り込まれているのでしょう。自分はどれくらいできているのか、誰にどう見られているのかを常に意識し、評価が得られないポジションは簡単に捨て去ります。

令和世代は、10人中9人が支持するものを同じように支持します。私たち昭和世代にとってそれは、自分の意見と言いません。それを指摘すると「でしたら、自分の意見は特にありません」と返ってきます。

ビジネスの現場では、会議に10人参加したら10人とも違うアイデアや意見を持ち込んで、比較検討しながら磨いていくことが大事です。令和世代のようにマジョリティにつくことだけを意識していると、会議で一切発言できなくなってしまいます。

彼らは、本当は何も考えてないわけではありません。今まで自分を表現する環境を与えられず、大多数の評価するものが正義という同調圧力にさらされながら大人になってしまったため、**自分の意見を表明する練習の機会が不足しているだけ**です。だから、「あなたはどう思うの?」と聞いても「別に何とも思いません」とそっけない返事しか返ってきません。

そこで「だめだこりゃ」と大きなため息をついて見せても、余計に委縮させるだけで、若者は育ちません。腰を据えて育てる、世代を超えたコミュニケーション環境を作る覚悟を決めなければ、令和世代と働くことはできません。

推しが言うことなら私も賛成

弊社でマーケティングの会議を開くと、次のような会話がよく聞かれます。
部下「若い世代の女子の間で今こういう感じのコスメが人気あります」
上司「その理由は？　情報源はどこから？」
部下「私の推しが、ＳＮＳでよいって言ってました。フォロワーは20代が多くて、１００万人以上います。私も推しが言うなら信用しますし、一度は絶対買います。はじめの情報収集はみんなそんな感じだと思いますね……」
彼女たちの情報源は、私の知らない韓流グループのアイドルや人気インフルエンサーです。ＳＮＳを見ると確かにフォロワー数は莫大です。彼女たちにとって「推し」とは、単なるファンを超えた、崇拝の対象のようでもあります。その強力な推しが身につけ、愛用し発信している情報だから間違いないと自信を持って発言できるのでしょう。

今の若い世代は、化粧品に限らず、洋服や雑貨、遊びまで推しの発言や行動に沿って選択しているように見えます。自分の意見には自信がなくても、推しの意見なら自信を持って人にも言えます。それは「自分の意見がない」ということとは少し意味が違います。

今は昭和の時代に比べると、触れるメディアが圧倒的に増えました。ネットフリックスで海外ドラマを気軽に見られますし、ＳＮＳでは海外アーティストが自ら発信する生の言葉に触れることもできます。

令和世代は、膨大なメディアに触れた中から、自分の推しを決めているとも言えます。ということは、「推しが言ってるから私も賛成」というのは、イコール精査し尽くした果ての、その人の意見でもあるのでしょう。**膨大な選択肢がある中で「この人！」と選んだ推しは、もはや自分の分身でありアバターのようなもの**なのかもしれません。

「そんなのは自分の意見とは言わない」と無下に否定せず、採用できる意見は採用するように心がけましょう。そこには、素晴らしいビジネスのヒントが多く隠れているかもしれません。

世代の壁を超えるために昭和世代にできること

①デジタルスキルを身につけて若者と会話する

私たち昭和世代は、パソコンを使える人と使えない人がちょうど半々くらいの世代です。新卒で入社した当時、仕事のデジタル化が叫ばれてはいましたが、IT系やソフトウエアの開発系に就職した人でなければ、まだパソコンは一人一台も普及しておらず、ブロードバンド回線も一般家庭に普及していませんでした。

そこでデジタル化に乗り遅れてしまった人たちは、パソコンもスマホもネット検索くらいしか使えません。ウェブ、SNSの知識がなく、アプリやクラウド系サービスを使いこなせず、いまだに紙のやりとりを求めます。

IT系全般にアレルギーがあり、覚えようともせずにいると、令和世代の若者は「この人にイチから説明してわかってもらうのは大変だ」と会話を避けるようになります。昭和世代の中でも特に50代半以上のバブル世代以上に多く見られます。たとえば、次のような場面です。

部下「その書類なら、クラウドに入れておきました」

上司「クラウドって何？」

若手からすれば、ITリテラシーの低い会社全体の上司たちへの説明に時間をとられるのが面倒だし、感覚的に使いこなしているものを、まったくウェブの知識がない人に理解できるよう説明する自信もありません。だったら最初から、その人を通さず仕事をしようと考えてしまいます。

いつまでも、書類をファックスで送ってもらいたがったり、請求書や領収書を紙で発行してファイリングしていたり、クラウドにある書類を「印刷して見せて」と若手に頼むような非効率なことをしていては、会社全体の生産性も下がります。

「なんでこの人たちは一人一台パソコンがあるのに、いつも紙ばかり見ているのだろう」

「なんで会議のたびに紙に印刷してホチキスで止めろというのだろう？」

そんな状況では、せっかく採用できた令和世代の若者たちが頭を抱え、辞めていく未来しか想像できません。

昭和世代も、最低限業務に必要なツールの扱いは、マスターしておきましょう。「メールがあれば、ＬＩＮＥはいらないじゃないか」と思っている方がいるとしたら、それはとんだ勘違いです。今のＬＩＮＥはただのメッセンジャーアプリではありません。広告も出せる立派なマーケティングツールです。

新しいツールは使いこなせなくても、触れてみて、どんなものなのかを知ろうとする姿勢が大切です。それが若者との会話の糸口にもなり、「ＬＩＮＥをこう使えば、マーケティングにも使えるんですよ」と新しい知識を教えてもらえる可能性も生まれます。

たとえば、昭和世代の上司である「あなた自身」は、若者世代から次のような相談がきたら、すぐにウェブ、ＳＮＳ施策の指示ができますか。

あなたは「モノ・サービス」を30歳前後の女性向けに販売している会社の部長・マネジャーの立場です。あなたはどのメディア（媒体）を使ってウェブマーケティングおよび販売計画を立てますか。また、その理由はなぜですか。

LINE、Facebook、Instagram、Tiktok、YouTube、Google、Yahoo!、楽天、Amazonなどを例に、具体的に認知、新規顧客獲得、CRM（Customer Relationship Management：顧客関係性マネジメント）などの戦略を支持できますか。

基本的なことは、常に世の中のトレンドや技術革新を意識していれば、老若男女を問わずわかることです。**現役ビジネスマンである以上、理解できない理由を年齢のせいにはできません。**

学ぶ姿勢があり、聞く耳を持つ上司であれば、若者も無下にはしません。「Googleには、このアカウントで入ります。このクラウドで情報共有しています。データはここに格納しています」と説明する手間を惜しむことはないでしょう。

「俺はそんなことは知らなくても仕事ができる」という開き直った態度は、絶対にやめたほうがご自身と会社のためです。

②時代に合わせてビジネススキルをアップデートする

たたき上げの営業職の方に多いのが、砕けた言葉遣いをする方です。おそらく長くお付き合いしている取引先と、持ちつ持たれつの関係を続けてきて、緊張感をなくしているのだと思われますが、友達同士の中学生が廊下で話しているような言葉遣いを平気でしています。

部下に遠ざけられるだけでなく、新規のお客様にも不快な印象を与えます。ＴＰＯをわきまえた言葉遣いはビジネスの必須スキルです。日本では「親しき中にも礼儀あり」と言いますよね。砕けた言葉遣いでやりとりしている昭和上司を見ている令和世代は、とても残念な気持ちになり、「この人に教わることはないいな」と判断してしまいます。

また、文章の書き方にも気を配る必要があります。昔と違って今は、会社のトップシークレット以外、ほぼすべてが共有される時代です。**中小企業の場合、デジタルになったデータはある程度誰でもアクセスが可能ですから、部下も見ていると思ったほうがいい**でしょう。

ビジネス文書は要点を短く簡潔に、そして、提出先に合わせた言葉遣いを選んで書くことが必須です。口語と文語が混ざった日記のような表現は、意味が理解できたとしてもビジネス的にはマナー違反です。５Ｗ１Ｈを意識し、的確な敬語表現を用いた文章を書けるようになっておきましょう。

営業の方は、昭和のスキルをいったん忘れましょう。空っぽでもいいから鞄を持って、1日1回、1秒でも長くお客さんの顔を見て話すことが営業のノウハウだと思っている50代の方は、お客様のもとに通い詰める時間をウェブリテラシーの向上とコミュニケーションの勉強にあてるほうが糧になります。

③ 若者世代のトレンドを知る

「ちぃかわ」「お出かけ子ザメ」「【推しの子】」「YOASOBI」「Creepy Nuts」「Ado」。この中に知っている単語はいくつありますか。若者世代にウケるキャラクターやアニメ、音楽は、昭和世代の私たちからすると、いい歳をした大人が楽しむには恥ずかしいと感じるものが多いかもしれません。可愛すぎたり、アップテンポで聞き取れなかったり、面白さが理解できなかったりすることもあるでしょう。

そういうときは、「作品を楽しもう」とするより、**「なぜ、このコンテンツが若者にウケるのか？」という目で観察をしてみると、案外マーケティングのヒントになる**ことがあります。流行っているコンテンツに触れておくことで、令和世代との会話のきっかけにもなりますし、そこから「どういうところが好きなのか？」を教えてもらえれば、仕事とコミュニケーションの両方に役立ちます。

令和世代は、自分の意見を表明することが苦手であると前述しましたが、好きなものに関してなら意見も言えますし、目上の人との会話の練習機会にもなります。若者世代の好きなものを話題にしているうちに雑談が増え、こちらから促さなくても話せるように変化していくでしょう。


実際にあった例です。私の義姉は日本の大学卒業後20代から海外で活躍してきた服飾デザイナーです。国内アパレルおよび海外のトップブランド数社で働き、日本に帰国しました。現在も国内ブランドでデザイナーとして働いています。

50代半ば近い彼女の悩みは、社内にいる20代の若手・新人デザイナーやパタンナーとまったく話が通じないことでした。30代、40代、50代向けにどのような服を作ればいいかと話し合おうとしても、彼女たちからアイデアが上がってくることはありません。まったく意思疎通ができず苦戦していました。

そのとき、若手社員たちの会話を小耳に挟んで知ったのが、アニメ『葬送のフリーレン』でした。彼女たちがあまりにも面白そうに話しているので、試しに観たそうです。

義姉はずっとフランスに住んでいた人なので、アニメの背景に描かれる中世の都市や、登場人物が身にまとっている中世の服装にフランスの影響を強く感じて、一気に引き込まれました。興味を持ってアニメを見ることができたので、次の会議のときに『葬送のフリーレン』の建築・ファッションなどのデザインについて若い子たちと熱く語り合うことができたそうです。

忙しい大人は、わざわざ時間を割いてアニメを観たり、若者の音楽を聴いたりしませんよね。しかし、それでは時代感覚が養われず、どんどん取り残されるだけです。

昭和世代が楽しんでいるゴルフの話に若い子が興味を持つでしょうか。おじさんが若い頃にはまったバイクやサーフィンの話に令和の子が食いつくでしょうか。

答えは否です。彼らは、自分の興味のあることにしか反応しませんから、**好奇心旺盛な昭和世代が歩み寄ることでしか、コミュニケーションのきっかけは作れません。**昭和世代の持ち前の好奇心で若者世代の面白がるものを理解し、ビジネスに活かす気概で臨みましょう。

第1章

若手に伝えたい仕事で一生使える重要スキル

ビジネスの基礎となる5つの力

①ホウレンソウ：相談のタイミングが重要

今の若い人は、「ホウレンソウ（報告、連絡、相談）」の意味やタイミングがわかっていないことが多いと感じます。これは、「ホウレンソウ」という語呂合わせの順番通りに実施するものだという勘違いが引き起こしています。報告とは、本来、すべてが終わってから結果を伝えることです。**正しい順番は相談、連絡、報告。つまり、「ソウレンホウ」であるべき**です。

ビジネスで最も危険なのは、すべての施策が終わったあとに報告だけされることです。事業が大失敗したあとでは手の打ちようがありません。こちらが欲しいのは事前の相談です。次の❶〜❸の流れを知らずに相談できない人が多すぎます。

❶「相談」を受けて実施の方策を決める

❷途中経過の「連絡」を受けて適宜軌道を修正する
❸終了後の「報告」を受けて結果の分析から次に活かせる学びを得る

若い人にまず覚えてもらうことは正しいホウレンソウの仕方、特に相談のタイミングです。実施前に相談、異変に気づいたら相談、改善策を思いついたら相談、とにかく責任を取れないうちは、個人の判断だけで動かないように教えることを徹底します。ここで言う相談とは本人が考えた仮説などの説明を受けることを意味します。

相談の段階で間違いに気づければ、そこでトラブルを防ぐことができます。「コンコルドの誤謬《ごびゅう》」を例に出すまでもなく、失敗に気づきながら止めることができないでいると、多くの時間とお金と能力が無駄になってしまいます。

相談は早ければ早いほど価値があります。慣れないうちはホウレンソウのタイミングがわからず難しいこともあると思いますが、ＯＪＴで「ここが相談のタイミングだ」と教えていくことで、勘どころがわかってくるはずです。

ホウレンソウは、チームで仕事をするうえでの基本です。どれだけ教えても基本ができない人は、その能力がないとみなして、ルーティン業務を任せるしかありません。マニュアルに沿って、毎日同じ業務をこなしてもらい、結果だけ報告してもらう。そういう要員として扱うしかありません。これもある種の適材適所でしょう。

②ビジネスマナー：特に社外の人への礼儀を徹底する

私が実際に体験した話です。あるとき、弊社に新しいコミュニケーションツールを導入しようと、オンラインで打ち合わせをしていました。先方は20代後半の営業マンです。弊社は職場から、先方の担当者は自宅からZOOMにつないでいました。話が佳境になり、ツールの導入を本格的に検討し出した頃、突然、彼が画面から消えました。

回線の接続が切れたわけではありません。在宅でお子さんの面倒を見ながらミーティングに出席していた彼は、泣き出した子どもの世話をするために、私に何の断りもなく中座したのです。しばらくしてから「子どもをあやしていました」と悪びれもせず登場した姿を見て、ミーティングに参加していた弊社側数人はあぜんとしました。

もちろん、仕事のためなら子どもは泣かせておけと言いたいわけではありません。客先と大事な話をしている途中で声もかけずに中座し、相手を待たせることを失礼だと感じない、その意識が問題です。

世代的に、ビジネスマナーを教わる機会がなかったのだろうと予想はできましたが、普段の会話でも同じことをしているのかと驚きました。自分の都合で友人を待たせるときに「ちょっと、ごめん」と声をかけないのでしょうか。コミュニケーションがお粗末すぎると言わざるを得ません。

最近、転職してくる若手の方々は、新卒入社の直後からコロナ禍のリモートワークを余儀なくされた人が多く、本来なら新卒で入社した一社目で身につけるはずのビジネスマナーを知りません。生身のやりとりの経験が足りないために、相手の表情や態度から、「何かしくじったのかもしれない」と自分のミスに気づくことができないのでしょう。

私はこういうとき、わざわざ相手のマナー違反を指摘することはありません。先方の上司に連絡して事実関係を共有し、担当を代わってもらうだけです。先方の指導について、私が口出しすることではないからです。以前なら、このようなトラブルがあれば、上司が部下を連れて直接謝罪に来ることがよくありました。今はそういう慣習も廃れました。

なぜなら、最近のビジネスにおける会社関係は、人（営業）に重点を置かず、完成済みの「サービス・商品」に対してのみ期待し、対価を払っているため、窓口業務にあまり期待していない傾向が強いからです。パフォーマンスを出せない担当は、他の人やAIにすり替えれば、それでよしの関係になってきていて、法人間の問題は収束します。

おそらく彼は、社内でもマナーについて指導を受けることなく、現場から下げられたのだと思います。最初から存在していなかったかのように扱われ、その後のフォローもされず放置されるのでしょう。今の中小企業はそれくらい、基本的な社員研修にお金や時間をかけられなくなってきているのだと思います。

たった一人の社員のマナーが悪いだけで、社外の人は「あの会社はダメだ」と判断します。それを防ぐには、部下が自分でマナーを身につけようと努力するしかありません。上司に基本から教えている余裕はなく、会社が手取り足取り、何でも教えてくれる時代は終わりました。

ビジネスマナーに関する本はいくらでも出版されています。わずかな投資で好印象が手に入るのですから、勉強を惜しまないように伝えましょう。

③話す力：自分の言葉で説明する

今の若い世代は世の中の情報を集めて、要領よくまとめることに長けています。しかし、残念ながらそれだけでは、社会人としての及第点はもらえません。ビジネスとは、クリエイティブな作業です。既存のものに新しい何かを加えることで利益を生み出す活動がビジネスです。

新しい何かとは、新しいアイデアのことです。**世間のどこにもない、その人の頭の中から生まれた考えに価値があります。**ネットにある情報を見やすくまとめることができても、そこに自分の考えが入っていなければ、ビジネスは生まれません。自分の考えを自分の言葉で話すという基本スキルを身につけさせましょう。

ＡＩの性能が上がり、様々な会社のカスタマーサポート部門が、人間の代わりにＡＩを使うようになってきました。文字でも音声でもある程度決まったやりとりなら、ＡＩに任せられるようになっています。

しかし、ＡＩがどれだけ進歩したところで、人間のように即興性を求められるコミュニケーションは、まだまだできないでしょう。ＡＩの音声言語の性能が向上しても、会議で

ＡＩにしゃべらせるわけにはいきません。自分の考えを、自分の言葉で、自分の声で発言することは、誰にも代わってもらうことができないのです。上司としてできることは、意識的に発言の機会を増やして慣れてもらうことだけです。

また、話し言葉には人柄が出ます。ビジネスマナーと同じくらい、普段ビジネスで使う言葉にも注意が必要です。文字でのやりとりなら、いくらでも推敲ができるし、先方に送るメールを事前に他の人にチェックしてもらうことも可能です。ビジネス文書なら、ある程度、定型文が使えるので困ることはないかもしれません。

けれども、口から出る言葉は即興です。瞬時の判断で、適切な対応をしなくてはなりません。いつまでも学生気分で仲間内だけに通じる言葉を使っているような人が、ビジネスの相手として敬意を持って接してもらえるでしょうか。重要なのはＴＰＯをわきまえた話し方です。今この瞬間に使うべき言葉を適切に選べるかどうかが問われます。

さらに、敬語の使い方にも教養が現れます。丁寧語、尊敬語、謙譲語の違いを意識して、正しい敬語を使えるようにさせましょう。

④文章力：簡潔にわかりやすくＴＰＯを意識した報告をする

弊社は、ホウレンソウの「報告」と「連絡」を、文書で提出してもらうことが多い職場です。こういった社内で共有する簡単な文章ですら、わかりやすく書くことが苦手な若者が多く見られます。書き方がわからないのかと、フォーマットを提示し「箇条書きでいいよ」と伝えても、長々と書いてきます。

どうして長く書くのかを聞いてみると、若者世代は目上の人に対してシンプルすぎる文章を書くことが、そっけない印象を与え失礼になると感じるようです。そのため、できるだけ柔らかいニュアンスを出そうと考えた結果が、無意味に長い独り言のようなＳＮＳ投稿文体になっているのでしょう。

この妙な癖を早めに矯正することは、本人のためでもあり、読み手のためでもあります。現状報告と言い訳と自分の考えが混在した文章は、正しいレポートの書き方を示して直させます。**①結論、②そこに至った理由、③今後の対策――最低でもこの３つがわかればＯＫ**です。無駄は極力省かせ、誰が読んでもわかるものを書くように教えます。

昭和世代の中にもレポートが苦手な人がいますが、令和世代とは苦手の種類が違います。

昭和世代は単に勉強してきていないから、語彙力や文法が身についておらず書けないだけです。令和世代は勉強もしているし、ブログやSNSでそれなりに長い文章を発信してきているため、書く力はあるはずです。ビジネスレポーティングの見本を見せて、書き方に慣れてもらうだけで十分でしょう。

客先に提出するものに関しては、話し方同様、TPOに合わせた言葉遣いができているかを見てあげてください。

⑤数値力：数字が読める人材はどこに転職しても重宝される

ここでいう数値力とは、PLやBSといった決算書類が読めることや、Excelの関数に詳しいことではありません。**会社に利益をもたらすための数値を正しく把握しコントロールする力**のことです。

大企業では、入社したての新人に数値力を求めることは、まずありません。けれども、弊社のような少数精鋭の会社では、全員が経営者の視点を持ってビジネスに取り組むことが必須となります。そのため、通常ならマネジャー層から身につければいいとされる経営のための数値を読む能力が必要になります。

簡単に言えば、会社の利益とは「コストを抑えて、売り上げを伸ばすこと」です。ひと口にコストと言っても、弊社のような少人数の会社では、デザイン事務所、広告代理店、OEM（Original Equipment Manufacturing：製造業者が他社ブランドの商品を製造すること）工場、フルフィルメント（オンラインなどで商品を購入した顧客に対して商品の配送・返品・交換などの処理を行うこと）配送倉庫、カスタマーセンターなど、様々な業務を外注化しているため、全体を漠然と眺めていては、どこに無駄があるのかわかりません。抑えてはいけないコストと、抑えるべきコストの違いが見えないのです。

ところが、これを業務ごとの数値で把握すると、コストと利益の関係が見えてきます。たとえば、これまでより20％も安いフルフィルメント配送業者を見つけ、800万円で依頼したとしましょう。その業者が雑な梱包で商品に傷をつけ、お客様の解約数が50％増加したとします。それによる売上の減少は1500万円。コストカットしたつもりが利益を大幅に減少させたことになります。

実際の現場には、こんな単純な事例はなく、様々な要素が絡み合って利益が増減します。その因果関係を数値で把握し、解き明かせる能力こそ、私が数値力と呼ぶものです。会社の収益構造を理解し、細かくＫＰＩ（目標値）を設定し、それを達成するために何をしたらいいかを数値で考え説明できる人材は、どこに行っても重宝されます。詳しくは拙著『できるリーダーは「数字に強い」メンバーを育てている』（現代書林）で解説しています。興味のある方はご参照ください。

日本人は、定性的なものを定量化して捉える訓練をしてきていないため、目標を数値で把握することが苦手です。けれども、この能力を身につければ、自分で利益を生み出せるようになり、仕事が楽しくなること請け合いです。

大学卒業後、私が20代で初めて就職したのが介護業界でした。介護保険制度が始まった頃で、当時は様々な業界から多くの企業が介護事業に参入してきました。

当時の私は、そんな中で何十億円ものお金を動かして特別養護老人ホームの建設と法人新規立ち上げを担当していました。介護事業自体は、半官半民で大きな利益を追求するビジネスでもなかったため、失敗する怖さはそれほど感じませんでしたが、建設・運営費で何十億円というお金の単位を動かす怖さはありました。その頃の経験があるので、今も大きな数字を見ても尻込みすることがありません。

今の若い子たちにも、早いうちに自分で数字を作れるように経験を積み、大きなお金を動かすビジネスの面白さを知って欲しいと思います。その**経営的な楽しさを知らずにひたすら業務だけをこなしていても、仕事の本当の面白さは理解できません。**できるだけ早く、ビジネスの達成感に目覚めさせてあげることが育成の目標となります。

日々の実践で足りないスキルを補完する

弊社では、社員に日報を書くことを義務付けています。簡潔で伝わる文章を書けるようにするには、その機会を設ける必要があると判断し、ルーティンに取り入れました。普段、報告書すら書いていない人が、ビジネスの場で突然改まった文章を書くことは不可能です。**必要なスキルを育てるには、その力を養う環境を意識して作る**ことです。時間をかける必要はありません。短くてもいいので、要点が何かがわかるように書けるよう指導します。

私が20代前半で特別養護老人ホームの法人立ち上げ業務に関わっていた頃、国や行政や自治体に申請書を書いて認可や助成金をもらう仕事を多数経験しました。役所に提出する書類は、フォーマットが決まっており、スペースが限られているので、長文を書くことができません。自然と要点だけを書く訓練ができました。

短文を書くには、自分の伝えたいことの中で何が最も大事なのかを理解する必要があります。それさえわかれば、文章にすることは簡単です。「あれもこれも大事」と思うから長くなります。優先順位を付けて、大切なことから書く練習をさせることが大事です。

同じように弊社では、自分の考えをわかりやすく人に伝える練習の場も、日常に設けています。たとえば、朝のミーティングや会議で気楽に話せるテーマを設けて、自分自身が最近興味のあること（特に美容系ネタ、若者のトレンドなど）についてスピーチをしてもらうなどです。

人前で話す経験が少ないと、改まった場ではなおさら不必要に緊張してしまい、普段なら話せることでも話せなくなってしまいます。社内のコミュニケーションなら、フリーズしても笑って済ませられますが、客先ではそうはいきません。気配りの必要な場面で視野が狭くなり、相手に気を遣わせてしまうようではいけないのです。

昔はコミュニケーションにおける気配りは、異世代の人たちと話す中で培われました。昭和世代は上下関係の厳しい体育会系の部活や、サービス業でのアルバイトで礼儀を叩き込まれたものです。

私自身は、高校・大学生時代のアルバイト経験が役に立っているように思います。ガソリンスタンドでも、飲食業でも、基本は同じです。サービス業では、お客様が何を喜ばれるかを察して動くことが求められます。学生のアルバイトでもお金をいただく以上、生半可な態度は許されません。

私は20代半の頃、大手総合商社系の子会社でＩＴ法人へ営業していた経験があります。ここで商社のトップセールスマンの先輩方に、厳しくビジネスマナーを仕込んでいただきました。身なり、話し方、接待の仕方に至るまで、頭の先から爪の先まで気を配ることを求められました。

その厳しさに抵抗なく馴染めたのは、学生時代のサービス業でのアルバイト経験があったからだと思っています。経験が、次の経験の糧になることを知りました。

現代の若者に、気配りや顧客対応スキルが不足していると感じるなら、経験の中でそれを学んでもらう以外にありません。上司は不足している経験を補える機会を就業時間の中で積極的に取り入れるよう努めるべきです。

基礎を応用して仕事で使える能力にする

私は20代のとき務めた総合商社の子会社で、通信系のB2Bの商材を扱っていました。今でこそ当たり前になった国内外間のブロードバンド大容量データ伝送サービスおよびシステムを販売する仕事です。

ある日、先輩から、営業先を選定するためのフィージビリティスタディを考えておくように言われました。フィージビリティスタディとは、簡単に言えば、新規事業の成功可能性を探るための調査と考察のことです。

ここで私が用意するレポートは競合相手、参考になる事業、新しい技術などの情報、それらをもとに自分なりに立てた仮説です。「ここならブルーオーシャンです」「ここはもう飽和しています」と言えるよう考えておくことが、フィージビリティスタディです。

情報を集める方法は問いません。ネットで調べてもいいし、実店舗を見てもいいし、人に聞いてもいいし、何でもいい。そこからどういう仮説を立てたかが大事で、情報の出どころがわかれば、ソースが何かは問題ではありません。ただし、当時はネットも今ほど情報量もなかったため、必要な情報は紙やデータベース、業界の人からリアルな情報を教えていただき、自分で仮説を作り提案書にまとめる作業をしていました。

最近、私が実際に経験した話を紹介します。20代の若手に、「新しい企画について、もう少し素案を固めたい。軽くフィージビリティをしてください」と依頼しました。しかし、翌週出てきたのは、「フィージビリティスタディ」の広辞苑的意味をまとめた長いレポートだったのです。こちらの意図したことは、若手にまるで伝わっておらず、それどころか十分なレポートができたと得意げですらありました。要は「Chat GPT」の検索結果をそのままコピーしてきただけの内容です。もちろん、何の裏づけもないため本人は説明できません。

また、某有名大学法学部で教えている弁護士先生から聞いた話で大変驚いたことがあります。最近の法学部は卒業論文を提出する必要がなく、「ＡＩ検索結果」をそのままレポートとして提出する学生が増えたそうです。その場にいた人たちは大変びっくりしていて言葉も出ませんでしたが、私が「近く誕生するかもしれませんね。低価格顧問料のＡＩ弁護士！」とひと言発すると、みんな苦笑していました。

令和世代とは、ここまでやりとりできない存在だったのかと気づいた出来事でした。「時間をかけて考えてきました」と若者は言いますが、それは調べてまとめただけです。フィージビリティスタディの話をお伝えするはずが、基礎的なコミュニケーション力の話になってしまいましたが、何をお伝えしたいかと言うと、**応用は基礎がなくてはできない**ということです。

フィージビリティスタディには、先に仮説を立ててから情報を精査する力が必要です。仮説を立てるセンスがないと、出だしから間違えます。自分の立てた仮説に自信がなければ、経験のある人に相談すればいいのに、基礎的なコミュニケーションができないと相談もできず、仮説も立てられません。その結果、ネットで読んだ他人の意見や、マジョリティの意見を集めてきて発表することしかできなくなってしまいます。

仮説とは想像することです。自分とはまるで属性の違う誰かが、この商品をどう使うのか想像することで仮説が組み立てられます。それを行うには、経験という材料が必要です。では、それができないときにはどうしたらいいのでしょう。

弊社の例を紹介します。弊社は化粧品メーカーなので、おじさんである私にはターゲットである若い女性の気持ちも市場も行動原理も、まるで想像できません。ストーリーを組み立てるための経験が微塵もないのです。しかし、社内には生きた情報を持った人間がいます。彼女たちは、私たち昭和世代の知らないことを知っています。ならば、女子社員にポンとテーマだけ与えて、好き勝手に雑談する様子を観察します。

彼女たちは好きなことなら熱心に語ります。たとえば、今使っているコスメ商品が自分に合わなくて不満が多い女性が多いため、自分なら「こんなヘアケア製品が欲しい」というテーマで雑談させてみたとします。ああでもない、こうでもないと多彩な意見が飛び交います。フィージビリティスタディを依頼しても出てこない仮説が、雑談の中では出てきました。

彼女たちからすると、若い女性がヘアケアにおいて何を重視しているのかという仮説を語っている意識はなく、単純に「好き嫌い」「良い悪い」を話しているだけです。しかし、私から見ると立派な仮説です。「それが仮説なんだよ」というと、ハッと気づくようです。

一事が万事、**経験の足りない若手には具体的な事例からボトムアップで言葉の意味を理解させないと伝わりません。**彼女たちの持つ有効なマーケット情報をフィージビリティスタディに活かすには、やはりコミュニケーションが大事です。

様々な体験をさせてオリジナルな発想力を鍛える

オリジナルな発想力は、オリジナルな体験から生まれます。日本では学校を卒業するまで暗記が中心の勉強が多く、よりたくさん詰め込むことが大切でした。それではダメだという反省からゆとり世代が生まれ、さらにその反動でZ世代が誕生しました。

私自身は、知識を詰め込む暗記教育を、そんなに悪いものだとは思っていません。それはアイデアの素材を増やすことだからです。ただし、詰め込むだけでは意味がありません。素材のストックを増やし、様々な活用法を教えなければ、オリジナリティが生まれません。そのために経験が必要です。

人参、ジャガイモ、玉ねぎ、肉という素材が冷蔵庫にあったとき、肉じゃがしか食べたことがない人は、肉じゃがしか作れません。カレーやシチューやポトフやスパニッシュオムレツを食べたことがある人は、それらが冷蔵庫内にある同じ材料から作れることを知っています。ベースになるアイデア（調理法）を5種類も知っていれば、それをアレンジして別の料理を考えることも可能です。

発想力とはゼロからイチを生み出すことではありません。**同じ素材に別の何かを足したり引いたりしながら、違うレシピで新しいものを作り上げること**です。

弊社では定時以降に会社主催で飲み会をしない代わりにコアタイムを使って定期的にランチ会を開いています。ここで私が不思議に思うのは、最近の若い人たちの「このお料理（食材）は、初めて食べました」という言葉です。特に変わった料理を選んでいるわけでもないのに、30年近く生きてきて、食べたことがないものが多すぎます。アレルギーや好き嫌いの問題で食べなかったわけではなく、家で出されたことも、外で食べたこともないと言うのです。

私はここに2つの危機感を覚えます。ひとつは、すでに自分で稼いで何でも食べられるようになっている年齢なのに、「なぜ、知らないものを食べてみようと思わないのか」という好奇心の欠如に対する危機感です。そして、もうひとつは、食育で五感を育ててもらう機会がなかったために、体験から受け取れる喜びを疎かにしているのではないかという危機感です。

新しい体験を求めることは、世界を広げたいという好奇心の表れです。自分から求めずに得られるものではありません。「ＳＮＳで話題になっている」「ニュースで取り上げられていた」。これらは単なる情報であり、体験ではありません。

私は情報だけを集めて発想しようとする若手には、自分でそれらを体験してみることを勧めています。それにより自分だけの感想が生まれます。オリジナリティの源泉は、「自分の感覚が対象をどう受け取ったか」です。**自分で体験することを疎かにしたままでは、オリジナリティのあるアイデアは生まれません。**

必要な能力を得るためのマインドセット

昭和世代の私たちは、入社後に仕事で使わない資格を取得することを勧められました。英検や簿記などがその代表例です。海外業務に関わらなくても英語を、経理に配属されなくても簿記を、ビジネス的教養として身につけるよう指導されました。今なら、ＴＯＥＩＣやＩＴパスポートなどがそれにあたるのでしょうか。

弊社は、化粧品のＥＣ通販業を生業にしていますが、私は化粧品検定もウェブの運用資格も持っていません。あるのは長年の実践で得た知識だけです。資格を持つ若手の誰かと私が並んでいたとき、どちらに仕事の話を聞きたいと思うでしょうか。つまりはそういうことです。

求められているのは、実践から学んだ知識・経験です。資格コレクターになる必要はありません。転職の際に資格を持っていると有利になるかと言うと、決してそんなことはありません。資格が教えてくれるのは常に「勉強する姿勢がある人なのかどうか」だけです。資格があるから即戦力になるとは誰も思っていません。資格はキャリアではありませんし、能力を表すものでもありません。

また、ビジネスで企画に携わる場合に、好奇心と同じくらい私が大切にしていることがあります。それは、**この企画が通った場合、誰がどのように幸せになるかを具体的に思い描くこと**です。

ビジネスとは利潤を追求する経済活動です。その背景には「世の中をよくして、誰かを幸せにしたい」という思いがなくてはなりません。そういう温かさがないと、途中でモチベーションが枯れてしまいます。ウェブの発展はまさにその思いがベースにありました。「ウェブの仕組みが面白そうだから」という知識探求型の技術者もいるにはいました。けれど、基本は「このサービスがあったら、みんなが便利になる」という思いです。商品開発も同じで、「これがあったら、人が幸せになれる」という思いが原点です。仕事の能力とは誰かを幸せにするために身につけるものです。それを忘れては、ビジネスから心が失われます。

上司ガチャで仕事ができない上司の下につくのは得である

これから仕事を覚えたい若い世代にとって、身近にお手本となる上司や先輩がいることは、とても幸運なことです。けれども、一概にそうとばかりも言えません。

最近、若い世代を中心に「○○ガチャ」という言い方が定着しました。新入社員は「配属ガチャ」「上司ガチャ」などとよく使います。よい上司や職場に当たればラッキー、ハズレは残念というイメージを端的に表す言葉です。職場の居心地のよさ、教わることの多さでは、アタリを引けば、今後の会社人生も安泰のように思えます。しかし、果たして本当にそうでしょうか。

私たちが若い頃は、優秀な上司の下に配属されたら損だと思っていました。なぜなら、簡単に追い越せないからです。仕事ができなそうな、ゆるい先輩の下につけば、「少しの努力で簡単に追い越せる。さっさと追い抜いて上に行ってやれ」と考えていました。会社の中でのし上がれないなら、次のキャリアを考え転職します。それほど**自分が主体となってビジネスを動かすことが重要**だと考えていました。

ところが、今は違います。私からすると、「アタリ・ハズレ」の基準が逆転しています。「ダメな先輩についた」「ガチャ外れた」「残念だ」「だから辞めよう」こうした考え方はあまりに短絡的です。それだけで会社を判断すると損をします。小さな会社では特に、直属の上司ではなく、会社を見渡して、できる先輩や上司を見つけることが大事です。

その人たちと仕事をする機会は、これからいくらでもあるはずですから、できる人をお手本に仕事を覚えていけばいいだけです。習うより、見て真似て盗め。私はそうしてきましたし、それがチームで働く意味でもあるでしょう。

人たらし力は後天的に身につけられる最強スキル

私はＩＴ産業が勃興していく時代をリアルに体験してきています。その時代のベンチャー企業には人たらし社長がたくさんいました。何度も言うようにコミュニケーションはビジネスの一番の武器になります。きら星のように業界に現れたベンチャーのＩＴ社長たちは、皆人たらし力に長けていました。

「私は人見知りだから」「僕はうまく話せないから」といって、そのような能力は無縁だと思う必要はありません。お笑い芸人のように話術で人を笑わせる必要はなく、無口で朴訥でも、なぜかかわいがられる人はいます。

また、人たらし力は先天的なものだとあきらめる必要はありません。努力のたまものであり、技術です。言ってみれば、**相手のして欲しいことや、言って欲しい言葉を瞬時に理解して差し出す能力であり、「究極の気が利く能力」のこと**です。

それを理解して、10代の頃から身につける人もいるくらいですから、今からでも遅くはありません。**ただ調子がいいだけの人とは次元が違う気遣いができる人たちが「人たらし」**です。

人たらしのところにはお金が集まります。専門外の人たちに商品やサービスの良し悪しはわかりませんが、人の魅力なら誰にでもわかります。「この社長にならお投資しよう、融資しよう」という人が集まれば、事業は始められますし、「この人から買いたい」と思う人が営業マンとして会社にいれば、モノは売れます。人たらし力は、ある意味、商品力よりも企業を強くしてくれます。

「あんな気難しい役員によく取り入ったな」「あの頑固な社長からよく決裁落としたな」など、強面の人、なかなか会えない人とつながりを持てる人は、人たらし力のある人でしょう。もしも周りにいたら、ぜひ観察して、そのスキルを盗みましょう。

信頼できるメンターを持たせよう

成功したベンチャーの社長には共通点があります。それは、若い頃から他社で尊敬・信頼できる先輩経営者をメンターとしていることです。賢い人たちは、自分にないものを他人から学ぶことに貪欲です。ベンチャー企業の社長たちは、成功した異業種の先輩から学ぶことを忘れませんでした。

令和世代の若者にとっては、昭和世代の先輩や上司から学べることはなく、しょぼくれた態度、よれよれの服装、パソコンも使えない先輩にがっかりしてばかりかもしれませんけれどもそれは、できる人に目を向けていないだけです。

ビジネススキルがあって誠意を感じられる人は、どこでも評価されて、高い役職につき、能力にふさわしい報酬を受け取っています。いったん「おじさんは古い、おじさんから学べるものはない」という思い込みを捨てて、社内を見渡すべきです。**目指すキャリアを手にしている先輩を自分のメンターとして、自分にないところを積極的に真似することで自分が磨かれます。**

新卒の若者に限った話ではありません。Z世代はまだ30歳手前で若く、経験も足りません。会社から求められるスキルに追いついていないため、自信がなく不安になることもあるはずです。そんなときに、指針となる人がいるのといないのとでは、心のありようがまったく違います。目指す姿を具現化している人が現実に存在しているならば、自分にもできるはずだと頑張れます。

社内にそういう人を見つけられなければ、外に飛び出して探せばいいだけです。自分の足で、自分の目指す北極星のような人を見つけ出す手間を惜しまないことです。

昭和世代の人たちも、これまで培ってきたスキルを遠慮せず伝えられるように自信を持つことを忘れてはなりません。何度も言いますが、経験は宝です。それを眠らせたままでは、もったいない。世代間のギャップを超えて宝を順送りできるようにコミュニケーションを磨きましょう。

第2章

失敗を通して仕事の楽しさを教える

正解を欲しがり、極端に失敗を怖がる若者たち

今の若者の中には、「自分推し」と呼ばれる状態を貫き通そうとする人がいます。言葉にすると、次のような感じでしょうか。

「私は私を推してるんです。推しの自分に、失敗なんてかっこ悪いことはさせられません。だから正解のある仕事しかしたくありません」

けれども、仕事には正しいやり方があるものは少なく、マニュアルが存在することのほうが稀です。というより、正解を見つけてマニュアルを作るのが仕事です。昭和の上司と令和の部下の間に齟齬が発生するのは、そんなときです。部下は正しい答えを教わって、正解だけを行いたい。しかし、上司の手にもその答えはありません。正しい答えを作るために、みんなでビジネスをしているのだとも言えます。

若者世代は、**タイパ・コスパのよさを求めて、「一番無駄がなく、最速で成功する法則を教えて欲しい」と主張しますが、会社に入社した以上、その法則を見つけることは自分の仕事**です。それを自覚させることが、失敗を体験させる第一段階です。

このようにすれ違った2つの世代が、同じ会社で働くと「部下の育成疲れ」と呼ばれる現象が起きることがあります。

上司は、何とか部下に仕事を覚えさせて、戦力にしたいと頑張りますが、そもそも無駄なことをさせないで欲しいと思っている令和世代は、正解を教えてくれない上司の指導も助言も聞き入れません。また、叱られ慣れていないためか、やんわり注意されても、それが叱られているのかどうかもわかりません。

はっきり注意すると辞めてしまう。かといって、指導しないといつまでも戦力にならない。育成の難しさに疲れ果てた昭和世代は、言っても無駄だとあきらめて令和世代と距離を取ろうとしたり、育てることを放棄して、できる人たちだけで仕事を回したりするようになっていきます。チームとしての成績さえ上げられれば、一人くらいお荷物がいてもいいと割り切る方向に舵を切り、育成のストレスから逃げてしまうのです。

はっきりわかるように伝えられない昭和世代にも問題がありますが、できないのに妙に自信満々な令和世代と関わりたくない気持ちもわからないわけではありません。けれど、この状態を続けると、結果的に困るのは上司です。

部下の指導をあきらめ、叱らずに放置していると、仕事のできる新人たちが気づいて不満を感じます。なぜなら、働いている自分と働いていないあの人が、「なぜ、年齢が上で社歴が長いというだけで自分より給与が高いのか」と思うからです。

そうなると、本来なら仕事ができるはずの新人たちも働かなくなって、チームの雰囲気がどんどん悪くなっていきます。その中で、**本当にやる気があってスキルも高い人たちは、さっさと会社を見限り、自分が成長できる場を求めて転職していきます。**上司が、若者世代の指導をあきらめずに叱らなくてはいけない理由が、ここにあります。会社全体を一部の社員のために停滞させ、腐らせてはなりません。

今の上司は、強く注意しただけでハラスメント扱いされることが怖くて、ミスを指摘できません。さらに、コミュニケーションが苦手な若者世代に、言葉で説明しても何が悪いのか理解されないこともあります。ですから、数値目標（ＫＰＩ）という共通言語を使うのです。

仕事を任せる前に、「君の仕事はこれです。期日までに、この数値をあと◯パーセントアップすることを目標に施策を進めてください」と具体的な数値目標を伝えます。これなら、達成できたのかどうかが、本人にも明確にわかるため、叱らなくても、スキルの至らなさを認識させられます。具体的施策を話し合うにも、数字は有効なツールです。

誰にも相談できずに自信をなくしていく

第1章でも説明したように、令和世代の若者たちは、社内でも人間関係に適切な距離を求め、自分の内面に踏み込まれることを嫌います。では、他人を気にしないマイペースな性格なのかと言うとそうではなく、心の中では常に他者と自分を比較し、自分のレベルを確認していないと不安でたまりません。

不安の度が過ぎて、自分のスキルでこの先やっていけるのだろうかと心配になり、「このままではダメだ」と自己判断で落ち込んでしまいがちです。客観的な評価を求める割に、最終的には自分で自分にダメ出しをしているので、他人からのほめ言葉を素直に受け取れません。

同年代の中での自分のレベルを知りたいということは、模試で相対的な位置を知りたいのと似ています。しかしそれは、実は無意味なことです。志望校に合格できる成績さえとれていれば、全受験生の中の順位を知らなくても特に問題はないはずです。

同じように、所属する会社の求めるスキルを満たしていれば、他の何ができなくても、仕事上はなんの問題もありません。会社からすると、十分満足のいく能力を発揮してくれているのに、「自分はできていない」と判断して自信喪失から退職されても困ります。

また、会社は新人の適性がどこにあるのか知りたくて、いろいろな仕事を任せます。得意なことも不得意なこともあって当然です。ところが、「自分推し」で妙にプライドの高い令和世代は、自分にできないことがあるのが許せません。

適性がない仕事の代わりに、もっと伸びそうな仕事を頼むと、「大丈夫です。自分はもっと頑張れます」と、任された業務ができることを証明しようとこだわり続け、時間ばかりとられます。これではたまりません。

自分の中に理想の自分像があるのは素晴らしいことです。しかし、「距離を取りたいけど、嫌われたくない」「評価は上げたいけど、表には出たくない」「ほめられたくないけど、ダメだとも思われたくもない」といった状態で、どのように理想が実現できるのか疑問です。他者と関わってこそ、正確な自分が理解できるのに、関わりを避け自分だけで完結しようとしていては、成長が見込めません。

昭和世代には、その特性がわからないので、彼らの捉え方を間違えます。自己中心的で扱いにくいと評価してしまいます。

令和世代には、**社内での貢献度という評価軸で自分を捉え直させることが重要**です。会社が取り組んでいるビジネスの中で、自分がどう役に立つのか、それを理解してもらうことで、評価軸を目の前の仕事に置くように誘導します。同世代の中の相対評価は関係なく、仕事で成果を出すことが大事なのだと頭を切り替えさせましょう。

結果だけを見てほめてはいけない

若い世代には、自分のしていることが、よいほうに進んでるのか、正しい答えを出してるのかがわかりません。ですから、担当させた仕事の意義を伝え、目標を提示し、途中経過を上司が把握して「これでOK」と伝えることが重要です。

つまり、よいほめ方とは、**先の見通しを与えたうえで、スモールステップでほめる**ことです。すべてが終わってから、結果だけを見てほめるのは絶対にNGで、どんな仕事にも、よくできた点とうまくいかなかった点があるはずです。総合的には失敗に終わったとしても、よいところを認識させるよう過程を細分化した評価を心がけます。それによって、悪いところばかりに気持ちが向かなくなるはずです。

特に長期にわたるプロジェクトでは、結果が出るまで時間がかかります。不安で逃げ出したくなるときに、上司の「これで大丈夫」というひと言は、経験の足りない若者にとって支えになります。ほめるとは、そういう行いです。ほめるというより「認める」感覚で、できた箇所に都度「ＯＫ」を出していきましょう。

昔のドラマのような「負けたけれど、頑張った過程に意味があった。努力できたことが素晴らしいんだ」というほめ方は、ビジネスの場においては誤りです。努力したことではなく、努力が実を結んだ成果を、たとえそれがどんなに小さくても取り上げてほめることが大事です。

努力しただけで満足してもらっては困ります。会社でお金をもらって働く以上、努力は当たり前です。**あくまで成果とそれを導き出した過程をほめてください。**

成果がわかりにくい部署では具体的な業務プロセスをほめる

商品企画や営業、マーケティングのような利益を生み出す部署は、数値による目標管理がしやすいため、達成できたかどうかが一目瞭然です。ところが、利益に直接貢献しない部署だと、ほめポイントが見つけられないことがあるようです。

弊社で言うと、運用業務、デザイン製作、バックオフィス・管理業務などは、仕事がどう利益につながったのかがわかりにくく、働く人たちも達成感が得られにくい仕事です。

とはいえ、会社の規模が小さければ小さいほど、上司は普段から日々の業務遂行の様子を知ることができるはずです。部下からすると、日頃自分の仕事を見たこともない、業務内容を知りもしない上司にほめられても、「どうせ、何をしているのかもわかっていないのに」と思うだけです。業務内容を把握し、毎日の経過を知っている人の言葉だからこそ、ほめられればうれしいし、アドバイスも聞けます。

ＥＣ関連業界によくあるパターンが、上司がウェブに弱く、部下の仕事を理解していないために、過程をほめられないことです。

「君が企画したＳＮＳを利用した販売戦略は結果どうだった？」

「ＰＶ（ページビュー）がなく、ＣＶ（コンバージョン）が上がらず売れませんでした」

「そう、残念だったね。それじゃあ、結果と終了報告を会議で共有してください」

これでは、失敗から何も学べません。「僕にはよくわからないし、君に任せたのだから結果だけ教えて欲しい」といった態度で後進の育成ができたら奇跡です。若者世代はやる気をなくすだけでしょう。上司が部下の仕事を把握しておく必要があるのはこのためです。具体的なほめポイントが見つけられるよう、部下の遂行する業務内容を知っておきましょう。

どの分野のどの担当もＫＰＩで目標を決めておくと、部下も上司も途中経過が把握しやすくなり、ホウレンソウが具体的でスムーズになります。弊社ではあらゆる業務にＫＰＩの設定を義務付けていますが、こうした目的もあってのことです。数値は上司と部下の共通言語になります。知っておいて損はありません。

新しい業務にチャレンジさせるときのコツ

会社は今いるすべての人材で個々における最大のパフォーマンスを上げるために、適材適所とタイミングを考えます。経営者は頭の中で、自社ビジネスを事業別に立体化したルービックキューブのような立体パズルを常にイメージしています。すべての面のスキルを補完させられれば、ビジネスの成功確率がぐんと上がります。

ルービックキューブの各面は、ビジネスを成功させるために必要なスキルを表します。どの人材をどの面に配置すれば完成に近づくか、経営者は常にその組み合わせを考えます。Aさんのスキルなら、営業の面が埋められる、Bさんだとマーケティングが半分埋まるくらいかな。そんな風に人材の配置をシミュレーションしています。

採用も人材育成も、事業のルービックキューブを完成させることを目的に行われます。

何でもそこそこできる人より、1面完成させられる突出したスキルを持つ人が求められます。ということは、**育成の現場では「平均的に伸ばすこと」より「人より優れた適性のある場所を見つけること」を最初に行う**べきです。

「この子は、ウェブマーケティングはまるで見込みがないけれど、もう少し様子を見るか」と判断を遅らせれば、1面の完成がそれだけ遅れます。

「この子は広告には不向きだけれど、デザイン系はセンスがある」とわかれば、そこを伸ばすのが育成の鉄則です。できないところにいつまでもこだわらず、そういう気構えで臨むべきでしょう。

一方、上司がこだわらなくても、部下がこだわる場合があるのが厄介です。自分にはこの業務の適性がないと納得して、次に向かってくれればいいのですが、できるまで頑張りたいと粘られると、会社はスクールやサークル活動ではないので、期限内に結果を出していないのに貴重な時間をいたずらに失うことになりかねません。ここでも役に立つのがKPIです。

ビジネスにおいて時間はお金を生み出す器です。就業時間を使う場合は、それが新人でも必ずＫＰＩを設定します。「私は半年でこの目標をクリアするという約束で、あなたにこの仕事を任せました。しかし、この案件は期限内にＫＰＩが達成できませんでした。これ以上は任せられません」と説得もできます。このときも、**才能がないと切り捨てるのではなく、「君の適性が見たいから次の仕事に移って欲しい。ここまでよく頑張ってくれた」とほめる**ことが大事です。

逆に、伸びしろがありそうな若者の場合は、ほめずに同じ業務内のレベルアップした課題をすぐに出すべきです。大げさにほめられるのが苦手な世代ですし、本人が簡単な課題だと思っていた場合は、ほめられると逆に能力を低く見積もられているようで不快に感じることもあります。さらりと、次のハードルを示すのがベターです。

得意なことなら嬉々として挑戦してくれますし、難しい課題をクリアできれば、自信が糧となって自然に伸びていきます。

令和世代のほめ方について、上司がどれだけ気をつけても、それをどう捉えるかは部下次第です。大体はストレートに伝わらず、屈折して捉えられます。よくできているよとほめられても、自分が納得していない限りは、勝手に自分を過小評価することがなかなかやめられません。

令和世代を理解しようと努力をしたうえで、伝え方を工夫してもどうにもならない場合は、仕方がありません。KPIだけ見て、さらりと達成できたことをほめたら、あとは**育成がうまくいかなくても気に病みすぎない**ことです。

叱るときに大事なのはタイミングと具体性

私たち昭和世代は、親にも教師にも叱り方で気を遣われたことがありません。大勢の前で叱られることもよくありました。自分の失敗をコミュニティの全員が知っているというのは、とても恥ずかしいことでしたし、だからこそ、なにくそと頑張る気にもなりました。

また、「飴とムチ」もよく使われたように思います。たとえば、上司が部署全員の前で一人を叱っておきながら、あとからこっそり「君のためを思って叱ったが、本当はよくやってくれていると思っている。君には期待しているんだ」などとフォローをするようなことです。

今なら、人前で叱っただけでハラスメントと言われるでしょうし、こっそりフォローしようにも、一度植え付けられた不信感で聞く耳を持ってもらえません。そもそも、こっそりフォローする場所がありません。社内のタバコ部屋も、飲み会もなくなりました。昭和のやり方は、もはや通用しません。団塊ジュニアの皆さん、若い頃、タバコ部屋の飲み会で、バブル時代の先輩からもらったアドバイス、何か覚えていますか（個人的には昭和の時代にも通用していなかったと思っています）。今は、その瞬間、その場で適切な注意や助言をすることが求められます。

重要なのは、**どの部分がどうしてダメなのかをミスしたタイミングで教えること**です。叱るのではなく、指摘と失敗箇所の認識確認をします。どこが間違いなのかを教え、一緒にどうすればよかったかを確認することができればベストです。どんな小さなことでも、ミスがわかった時点で、その一点だけをわかるまで確認するようにします。

それを「あとから教えればいいか」と怠ると、間違った手順のまま完成まで進んでしまい、修正が余計に大変になります。1日でも1分でも早く、次の工程に入る前に間違いを指摘し、正しいやり方を一緒に確認することで会社に損失を与えずに済みます。

そもそも、ミスは誰にでもあるものと捉え、リカバリーを前提に業務を考えねばなりません。間違えやすい業務の中で、ミスしやすいポイントが発見できたなら、それは将来にわたるメリットであり、叱るようなことではありません。話し合って改善すればいいだけです。

もしも、失敗は何でも叱らねばならないと思っているなら、その考え方は誤りです。叱るべき失敗はもっと別のところにあります。

悪い情報ほど速やかに報告させる

弊社の事例です。ネット通販が主戦場である弊社では、自社サイトだけでなく、楽天、Amazon、Qoo10などのモールでも化粧品を販売しています。ある時期、Z世代の女子社員がモールの販売戦略を担当していました。その年の夏頃、セールの施策を考えて、いくつかの商品のセット売りをすることにし、広告プランも決めていました。

ところが、時間が経過し、冬のセールが始まってみると、想定していた主力商品であるセットが抜け落ちています。なぜ、こうなってしまったのかを尋ねると、単純な書類漏れで審査が通らなかったということがわかりました。

もちろん、審査を通過しなかったことは、担当した社員は知っていました。それを叱られるのではないかと隠していたのです。会社にとっては、一度や二度の失敗より、**部下が失敗を上司に報告せずに隠そうとしたことのほうがよっぽど危険**です。なぜなら、内容の重要性を理解していないということと、このくらいなら報告しなくてもいいと勝手に解釈する考え方にリスクがあり、将来の大きな損失の元凶です。

書類漏れのミスは、人間ですから仕方ありません。今後、ダブルチェックを徹底すればいいだけです。私は、審査が通らなかった時点で、それを報告しなかったことを叱りました。若い世代に限らず昭和世代でも、失敗して怒られるのは嫌なものです。それは人間として当たり前の心情です。しかし、すぐに報告をあげてくれれば、打てる対策もあったかもしれません。

悪い情報ほど速やかに上司に報告し、上司もそれをある程度許容します。そして、「失敗は叱られないが、隠蔽は叱られる」という企業風土が作れたなら、それは会社の大きな財産になるはずです。これが定着すれば、部下は「何か怪しい」と思った時点で相談に来るようになり、致命的な失敗が防げます。

本当の失敗とは失敗から何も学べないこと

前項でも述べた通り、凡ミスはそれだけでは失敗とは呼びません。私が叱るのは、「ミスの隠蔽」と、「ミスした理由を考えていない」ときです。

業務に責任を持ち、流れを理解していれば、自分のミスがなぜ起きたのか、原因がわかるはずです。**「わかりません」「考えていません」は、失敗に対する自分なりの分析ができていないということ**です。教わるだけで仕事は身につきません。失敗に対して、「ここが悪かったのではないか」という自分なりの仮説を持たねば、理解が深まらず同じミスを犯します。

「こういうミスをしてしまった。問題はここだと思う」という報告があれば、それについて上司は一緒に考え、今後の対策を検討できます。仮説を立てることすら放棄し、考えることをすべて上司に丸投げしていては、子どもの使いと変わりません。

私は、きちんと報告してくれる部下を決して叱りません。ミスを共有し、一緒に次の課題解決に向かいます。**何をしたら叱られるか、その基準を明確にすることで、単純な失敗を恐れない気持ちを育てることが肝要**だと思います。

昭和世代の上司の中には、自分が熱血指導を当たり前に受けてきたために、部下にも同じように接するべきだと勘違いしている人が稀にいます。これは、第5章でも取り上げる私の持論ですが、上司は部下の育成にそこまで心血を注ぐ必要はありません。昭和世代からすると、**ドライすぎるくらいでちょうどいい**はずです。

部下の指導に熱心になるあまり、手取り足取りわかるまで親切に教えようとする上司は、ハラスメント扱いされる可能性もあると心得ておくべきです。自分の内側に踏み込まれることを何より嫌う令和世代ですから、こちらから必要以上に近づいて、引っ張り上げようとしないことです。

必要なのは、わかりやすい指示です。「この仕事の目的はこれです。このツールを使って、こういうフォーマットで仕上げてください。締め切りはこの日です。わからなければいつでも質問に来てください」と具体的に伝えましょう。

それで本人が質問に来なくても、こちらから「大丈夫?」と聞きに行く必要はありません。それをすると、場合によっては、「プレッシャーをかけられた、パワハラだ」と言われかねないからです。

通じ合えない人とは適切な距離を取り、育成もあきらめていいと思います。ほめる叱る以前に、コミュニケーションができない人間に関わることで、自分のパフォーマンスを落とさないよう気をつけましょう。

仕事を頼むときは要点を整理して具体的に伝える

令和世代の若者たちは、生身のコミュニケーションに苦手意識があるため、社内の誰に対しても腰が引けています。極度に気後れしているため、何を話していても自分が責められているような気がして、相手の言葉をそのまま受け取れません。叱られないか、嫌われているのではないかと、勝手に距離を感じ、「もう嫌だ、怖い」と話すことを避けてしまいます。

少し前までは、それをひと言で「コミュ障」と呼びましたが、そんな簡単なことではなく、もっと根深いものを感じます。**世代間のロスが起きる理由は、極端に委縮する令和の部下たちと、それに気を遣いすぎるあまり、遠慮する上司の距離が開いていくことにあります。**

たとえば、令和世代の部下が「この書類のミスを明日までに直せるかな」と上司に声をかけられたとします。彼らは、「明日までに直して欲しい」という指示だけを拡大解釈し、「私が頑張って作成した書類を上司にダメ出しされた。しかも明日までに直せと残業を強要された。これはパワハラ上司のいるブラック企業だ」と脳内変換してしまいます。

悪意のない上司の発言がそのように受け取られることもあるので、上司も用心深くなり、結果、社内で妙な寸劇が展開されるようになります。

上司「君の作成した資料の完成度は大変すばらしいですね。あと、ここの部分だけ直すとさらによくなると思いますよ。忙しいと思うけど、いつまでなら修正できそうですか？　そもそも可能ですか？」

部下「これくらいならすぐ直せます」

上司「そうですか。素晴らしいですね。ありがとうございます」

私から見ると、とても気持ちの悪いやりとりです。社員の気分に合わせてビジネスのスピードを落とし、質まで下げてしまいます。上司がここまでへりくだらないと会話ができないなんて、ビジネスをしている会社組織としてまともではありません。

目的は、きちんと仕事をして成果物を出してもらうことです。**ホストのように部下のご機嫌を取ってやる気を出してもらうことは上司の仕事ではありません。**仕事を依頼するときは部下に遠慮せず、用件を簡潔に伝えることです。具体的にいつまでに何をして欲しいかを伝えましょう。

部下とのやりとりがストレスになって退職してしまう中間管理職も増えています。上司はまず自分のメンタルケアを心がけてください。

失敗が成功よりも大切な理由

ご存じのように、ビジネスには確実な成功が約束されるものはひとつもありません。どんな業界でも、新規事業を始めるときは試行錯誤がつきものです。何十回、何百回と手を変え品を変えて挑戦し、その中でどれかひとつがものになれば大成功です。失敗を怖がって手数を増やせなければ、肝心な試行錯誤ができません。

私が20代半ばのときに働いていた会社は、聞けば誰でも名前を知っている大手商社の傘下にある会社でした。入社する前は、大手商社とは手堅い商売で利益を出し続けている保守的な会社だと思っていました。しかし、実際は真逆です。総合商社は、1年間に子会社（資本提携先を含む）を20～30社も立ち上げ、常に新しい市場を開拓するアグレッシブな企業でした。

現状維持を目指すことは衰退を意味します。 子会社には惜しみなく優秀な社員を出向させ、すべての会社を上場させるつもりでスタートを切ります。しかし、その中でも3〜5年後に生き残るのは、よくて1社か2社、場合によっては1社も残らないときだってあるくらいです。ビジネスの戦場は、そんなに簡単に成功できるところではないと知りました。

私はその会社で、バリバリの商社マンの先輩方に、手数を増やすことを叩き込まれました。怖がって何もしなければ、会社は縮小していくばかりです。常に新しいことに挑戦するためには、失敗を数多く経験し、それを恐れず進む気概が必要だと教わりました。

成功は数ある偶然の中で出た産物です。たまたま正解ルートを見つけられれば、苦労せずにうまくいくことは稀にあります。けれども、失敗は必然です。そこには、必ず失敗する原因があります。ということは、**たくさんの失敗を経験することは、成功に至る迷路の中の間違ったルートを潰す作業**だと言えるでしょう。いかに早くたくさんの不正解ルートを潰せるかが、成功の確率を上げることではないでしょうか。

私はそう信じているので、社員には早い段階でたくさんの失敗を経験させ、なぜ失敗したのかという知識を蓄積していって欲しいと考えています。

失敗できる環境を作るには？

失敗を恐れない社員を育てることが、育成の最大の目的だとすると、どのような環境を作れば、それが叶うのでしょうか。それには、失敗の定義を事前にきちんと設計することが肝要です。１００点満点だけを成功とせず、施策ごとに何割の成果が得られればＯＫなのかを先に設計し、合格点を決めてしまえばいいだけです。

日本の企業の場合、「かけたお金を期限内にある程度回収できなければ失敗」と判断しがちです。プロジェクトメンバーを厳選し、万全の計画を練り、それなりの予算を投入して、10割回収できなければ失敗とされてしまうのです。そして、失敗のあとはお家芸の「カイゼン」が始まります。

失敗を修正していく作業はもちろん大切です。しかし、失敗潰しに時間をかけられるのは人材、予算に余力がある大企業だけです。中小企業に必要なのは過去の失敗にこだわることではなく、次のトライです。

外資系企業は、日本の企業と違って、もっと大きなスパンで失敗を捉えています。彼らは先に予算と期限を決め、その中での自由を保障します。仮に一年以内に、予算1000万円を使って新規事業を成功させるというミッションが与えられたとしましょう。その範疇でなら、何度失敗してもそれは失敗ではないという共通認識をメンバー全員が持ち、どんどんトライアンドエラーを繰り返します。

社内では、小さな失敗を重ね経験値を積み上げれば、いずれ成功するだろうという考え方を採用しています。収益性だけを成功基準にした場合、**一年後に予算を使い切り、収益がゼロならそれは大失敗ですが、7割近く回収できたならほぼ成功です。**

新規事業計画上、はじめからそう決めてあれば、3割失ってもそれは失敗ではなく、**財務諸表には決して載らない経験値資産**です。100点満点以外は失敗だと考える日本の企業とはそこが違います。これならば、新規事業に関わるメンバーは、思い切った施策が打てるに違いありません。

この場合、大切なのは、経営層が会社の中で使える人材や工数の余裕を見て、期限と予算をきっちり計画しておくことです。会社が傾くようなトライはさせません。余力を使って試行錯誤の機会を作ります。

私のように化粧品メーカーにいると、どれだけ考えて出した新商品でも、必ず売れるものなどないということを毎シーズン経験します。だからこそ、失敗の範疇を設計することが大切になります。

広告戦略ひとつとっても、短期で結果が出ることはまずありません。かける時間と予算、リスクを取っても大丈夫な範囲を決めたうえで実施できれば、社員のやる気を一度の失敗で潰さずに済みます。

ただし、この育成には実施条件があります。新人を厳しくチェックし、全員平等に経験を積ませることはしません。**見込みとやる気のない社員を育成している余裕はない**からです。育つ見込みのある新人にだけ、安全に失敗させて経験を積ませることが優先事項になります。こちらは第5章で詳述します。

私が新人の育成に対して、実戦経験を重視する考えを持っているのは、自分自身が20代の頃に、チャレンジする環境を与えてもらったからです。おかげで、これから育つ若い世代にも同じように挑戦させてあげたいと腹をくくることができました。

私が商社の子会社で販売していたのは、ネットの大容量回線とサーバー、いわゆるインフラです。このシステム一式の販売先として私が選定したターゲットは、上司から難色を示されていました。私は、これからはエンターテイメント業界（出版、音楽、ゲーム、印刷など）にこそ大容量のインフラが必要になるはずだと予想していたので、そこに絞って営業をかけるべきだと主張していました。

ところが、上司たちの売り込み先のイメージはまったく別の業界です。私は自分の判断に自信を持っていたので、猛烈に自分の案をプッシュしました。先輩方からすれば、まだひよっこのような新人が立てたプランです。成否の可能性が読めない以上、自分たちの予測に基づいてビジネスを進めたいと考えていたはずです。けれど、「そこまで言うなら、とりあえずやってみろ。ただし期限だけは決めるぞ」と挑戦の機会をいただきました。

結果的にそれが成功し、件の子会社は今も存続しています。その成功体験で大きな仕事に挑戦する楽しさを知った私は、自分が育成に関わるなら、このワクワクを大切にしたいと考えるようになりました。

上手に失敗させるための具体策

①目的・意義・成功基準をＫＰＩで数値化させて共有する

タイパ・コスパを重視する令和世代は、意味のない仕事を嫌います。先に目的・意義を伝え、何のためにこの仕事が必要なのかという説明をしないと、まったくやる気になりません。逆に、それさえ理解できればすっと動いてくれます。ミーティングでは必ず要点から伝えます。

仕事を任せるときは、「ここまで達成できればＯＫ」という成功の基準を数字で把握させておくことが肝要です。そのため弊社では、あらゆる業務を細分化し、ＫＰＩで数値管理させています。数字なら誰が見ても出来不出来が一目瞭然でわかりやすいうえに、**Ｚ世代にはゲームをクリアしていく感覚で数値目標を達成し、仕事を楽しめるというメリットもある**ようです。

どこからどこまでを失敗とみなすか。その範囲も共有しておけば、期間中に変動する数値に一喜一憂しなくなります。上がったり下がったりしながらも、長期的には着実に進んでいることがわかるからです。完全に落ち切っていないなら、それは失敗ではなく、打つ手があることを示しています。数字は攻めから守りへの切り替えのタイミングを教えてくれる目安でもあります。

② 小さな予算で失敗させてから大きな予算を扱わせる

弊社は外注に依頼する業務が多いため、コストセンターが扱う予算が大きく、20代前半の新人には相当なプレッシャーになるようです。最初から数千万単位の投資額を扱うのは、よほど肝が据わった人でも怖いものです。

そこで弊社では、スモールステップで「大きな金額を扱う仕事」に慣れていけるように、**入社直後から自分の担当業務の予算は自分で管理させる**ようにしています。小さな予算と短い期間の中でKPIを達成し、それを繰り返すことで、段階を踏んで大きなビジネスに慣れていけます。

［図 2］ マネジャーの決裁範囲と情報伝達スキーム

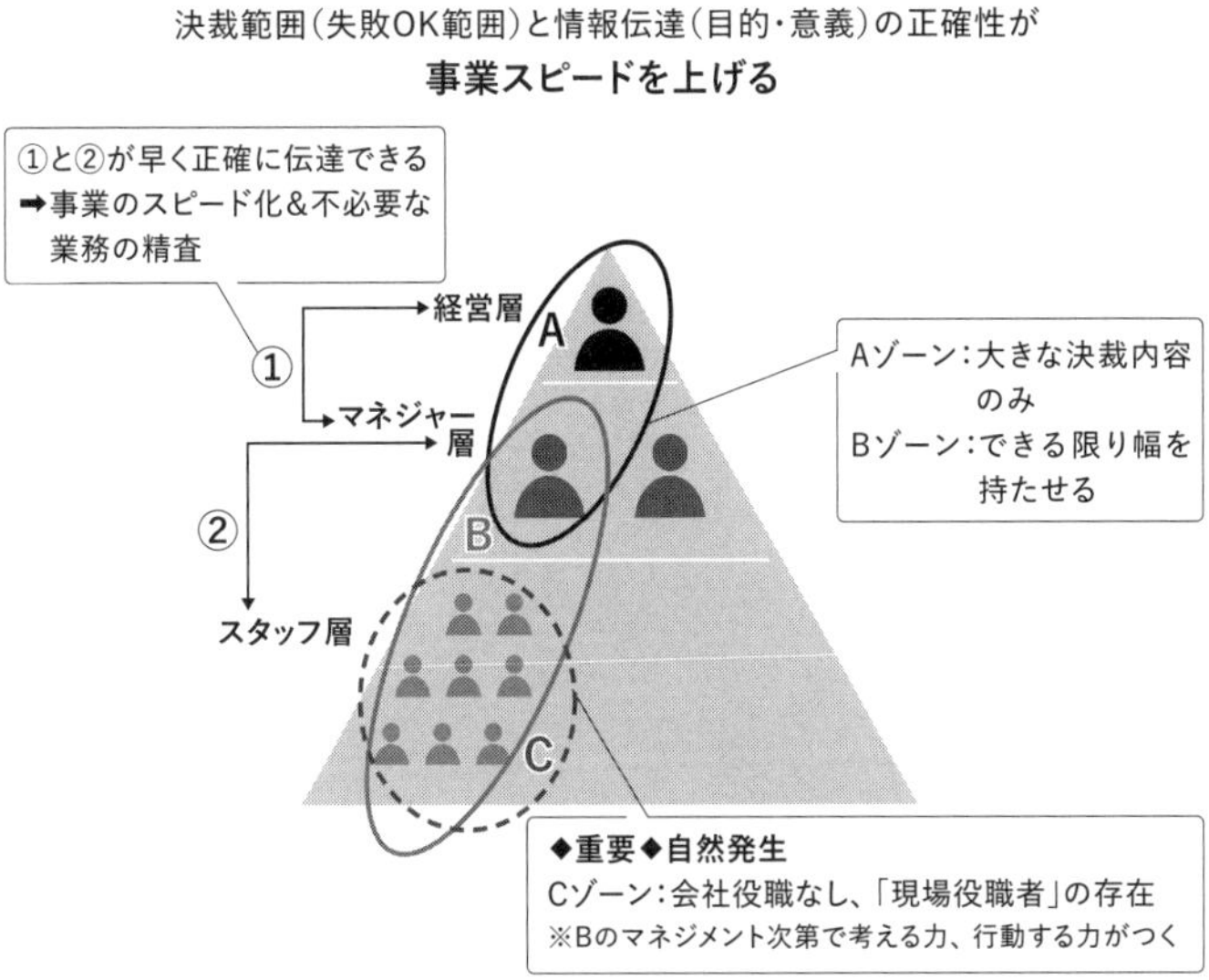

当然、中には失敗もありますが、金額が小さいうちは他の事業で回収が可能ですから、会社としても大きな痛手もなく新人に経験を積ませることができます。重要な施策で投資もする案件を、いきなり任せ、大きな失敗をさせて挑戦をトラウマにしない、怖がらせないことが大切です。

20代半ばで弊社に転職してきた若手社員は、「前職では、ここまでの決裁権はありませんでした」と誇らしそうに言いますが、さすがに決裁権を渡すようなことはしていません。最終決裁権はもちろん、責任をとれる上司が持っています。ただ、弊社のように、入社直後から予算を扱う仕事を経験させる会社が少ないだけのことです。

少額でも会社の予算を扱う緊張感があると、失敗にも真摯に向き合って取り返そうとしますし、成功したときも、より楽しさが感じられて、成長スピードが速まります。そのため、自分の考えで予算を動かす経験を積ませています。

③小さな失敗は怖くないという意識づけ

日本の企業では育成の過程で、チャレンジ精神よりも石橋を叩いて渡る用心深さを身につけさせようとしている節があります。それは、経営層に「失敗は悪である」という刷り込みがあるからです。

日本では経営者会議というものがあり、たいていは月次決算報告とセットで行われます。その会議の席上で、現在取り組んでいる事業の進捗や収支状況が俎上に挙げられ、経営幹部層から成否を問われます。大勢の前で失敗の責任を追及されるのは、誰だって怖いものです。これがあるために中間管理層は、「失敗したらどうしよう」と委縮し、部下にも失敗をさせられません。

しかし、前にも書きましたが、事業の成功などというものは、相当うまくいっても打率一割くらいのものです。失敗を恐れて綿密な計画に時間を割くより、数を打つほうが当たります。必ず成功させるのだと気負わず、まずは失敗しても会社が困らない範囲でトライすればいいだけです。

おそらく、**どこの企業の経営者も、「何を」「どこで」「どれだけ」失敗し、時間と投資をしたかを、正確な情報としてしっかり上に報告して欲しい**と常に願っていると思います。「失敗事例報告会議」は、弊社のようなウェブマーケティング業界ではとても重要です。

子会社を作るとなるとスケールも金額も大きな話になるので、上司の胸ひとつでできることではありません。しかし、ひとつの事業やひとつの商品という単位でなら、トライはさほど大変ではありません。外部から何千万も融資を受けないと進められないような事業ならば話は別です。そうではないなら、小さな単位の失敗をさせられるはずですし、そうしたほうが部下は確実に伸びます。

多少の損失は、「お金で経験を買った」「生きた研修費だ」と割り切って、**どんどん小さな失敗をさせて失敗を怖がらない人材を育成する**ことです。

失敗は成功に変えられることを教える

若者には、失敗をどんどん経験しろと伝えるとともに、失敗には巻き返しが図れるタイミングがあるということも伝えなくてはなりません。

たとえば、新商品を発売し、既存のお客様に案内のメールを送ったとします。目標は案内メールからサイトへ誘導し、100件のPVを超えることです。送信後、数日経っても、まだ80件ぐらいしかCVが稼げていないとき、これは失敗だったとすぐにあきらめているようでは仕事とは呼べません。

数字だけ見れば失敗のようですが、経験を積んできた人なら、まだ打てる施策が残っていることがわかります。違うテイストのメールをもう1通送るとか、メールに期間限定の割引クーポンを付けるとか、**数を伸ばすためにできることがあるうちは失敗とは呼びません。考えても、何も出てこなくなったときが本当の失敗に近いとき**です。

私の世代で言うと、『欽ちゃんの仮装大賞』の採点みたいなイメージと言えば伝わるでしょうか。点数が満点に少し足りないときに、演者がその場でアピールするとポイントが伸びますよね。あの感じです。まだ舞台にいるそのときにできることをする。舞台を降りてからでは何をしても届きません。その瞬間にできることを考えて、やらせてみることです。

部下は、できる対策をすべて尽くして駄目だったなら納得できます。次の機会にこの経験を活かそうとも思えます。しかし、やり切らずに終わったモヤモヤは、嫌な感じで引きずります。ＫＰＩを１００％達成することは、たいていの場合不可能です。今この状態ならまだ伸びるかもしれないという対策を一緒にどう探すかが上司の役割であり、腕の見せどころです。

定量的目標のＫＰＩは８割できたらよいほうだとは思いますが、施策を立案した本人がそれで満足しているようではいけません。届かなかった２割は、何がよくなかったのかを考えることで次に活かせます。

自分で販促の仮説を立て、ストーリーを考えながら施策を練り上げたならば、思い通りにいかなかったところ、予想通りうまくいったところが見えているはずです。なぜ、100％に達しなかったのかを本人に説明させ、そこで何も話せない人は問題です。

「何となく言われた通りやっただけで、よくわからないけど、こういう結果になりました」

これでは、次に同じ仕事を任せても、もっとよくするために工夫できるポイントが見つけられません。

そういうときは、何のためにこの仕事が必要なのか、目的や意義を理解させ、腹落ちさせるところからやり直します。納得できない仕事にモチベーションを持てない令和世代ですから、自主的に挑戦する意欲が見られないということは、理解できていないか、理解したうえで面白いと思えないかのどちらかです。目的や意義を本人の言葉で語らせたうえで、やる気があるなら挑ませるし、なければ別の仕事を割り振るようにします。

自分の言葉で話せる若手は伸びしろがある人です。課題がわかっているなら、対策も任せます。まだチャンスがあると分析しているなら、再挑戦の機会を与えます。ＰＤＣＡを回していくうちに、ＫＰＩが達成できたり、本人の立てた仮説通りにうまくいったりと、よい未来につながっていくものです。

イマドキのマーケティングは、本当に答えがわかりません。同じヘアケア商品を発売しても、世代によってターゲットに届かせるまでの正解ルートがまるで違います。こちらの予想とはまるで違うシーンで使われていることも多く、ニーズの多様化に翻弄されます。

こうした「仮説と違う購買者の動き」は、目標に届かなかった原因を探っていくと見つかるものです。そういう意味でも失敗は重要です。**PDCAの正しい「C」がお客様の潜在ニーズを掘り起こします。**

ただし、いつまでもPDCAを回していてよいわけではありません。弊社の場合、時間とコストをかけても、成果につながらないことには長くこだわらせません。ずっと原因を考えていても意味がないので、利益の出ない作業は早めに見切りをつけることも大事にしています。数値で仕事を管理していれば、手を引く潮時がわかります。

第3章

強みを見つけて成功体験を積ませる

自分はこの会社にいても いいのだという安心感

新人が仕事をするうえで、まず、はじめにベースになるのは職場の居心地のよさと安心感です。おどおどびくびく働いていては最高のパフォーマンスは発揮できません。まずは、彼らが最小単位であるチームに溶け込めるように、令和世代の特性を知ったうえで適切な対応を心がけましょう。

新人は、こちらの発言になかなかリアクションしてくれませんが、世代の特徴として自分を主張しないことが生きる戦略として重要だったわけですから、それも仕方のないことです。無視しているわけではなく、会話に慣れていないだけだと割り切って、悪意と受け取らないことです。

自分がチームに受け入れられているとわかれば、話もできるようになります。意見を発表することは極端に苦手でも、調べたことをまとめて発表したり、マニュアルの決まっている受け答えをしたりは得意です。まずはそのあたりの仕事を任せて、職場で発表する機会を増やし、できることを認めるところから始めましょう。話すことに慣れれば、ミーティングや会議で少しずつでも自分の考えが出せるようになります。

決して能力が低いわけではなく、即応性が求められる音声言語というアウトプットに不慣れなだけです。ビジネス文書を書くことやチャットでのやりとりは、早いし簡潔です。そういう人だと理解し、できないことを責めないことです。

一時期ニュースで「電話が怖い若い世代」を取り上げていましたが、まさにそれが令和世代の特徴です。文字のやりとりなら推敲もできますし、適当に書き送っても、メッセンジャーアプリなら送信の取り消しや編集が可能です。

ところが、リアルタイムの会話ではそれができません。失敗したらやり直しがきかないという恐怖がつきまといます。ミスして嫌われるくらいなら黙ってやり過ごそうと考えるのが彼らです。電話は知っている人と話をするものです。それすら怖いというのですから、上司から急に仕事に関する意見を求められれば、狼狽して固まってしまうのもある意味当たり前です。

弊社のランチ会は、仕事とは関係のない雑談を交わすことで、ビジネスの場でも緊張せずに上司や同僚と話せるようになることを目指して開催している面もあります。新人は食事中、さほど会話に参加しなくても、聞いているだけで周囲のメンバーがどんな人なのかがわかってきます。また、私と部下たちとのやりとりを見ていれば、どんどん思ったことを言ってもいい職場なのだということが伝わるはずです。

上司がデザインできるのはこういう機会です。「自分の考えも言えないなんて、だめだ」と決めつけるのではなく、**できるところに目を向け、足りない部分をいかに伸ばすかを考えて、きっかけを提供する**ようにします。

昔のサラリーマンドラマには、よく嫌な上司が登場して、「君の代わりはいくらでもいるんだよ」と部下を罠にはめて退職に追い込もうと画策しました。言われた側が激怒して奮起するのがお決まりのパターンです。ある意味では真実でもあるセリフですが、言われたほうは不快です。人間性を無視したひどい言い方です。そんな会社で長く働きたいと思う人はいません。

今のマネジメントは、貢献できている部分を伝えることを大切にします。上からぎゅうぎゅう押さえつけて、それでも伸びてくる根性のある若者だけをかわいがるという昔のやり方は通用しません。

部下に、その仕事は会社の利益にどう貢献するのか、そのためにどれくらいの成果を出して欲しいのかを伝えることで、会社の役に立っていることを実感させるところから始めます。何を任されたのかもよくわからずに「とりあえず、これをやっといて」では、納得して取り組めません。

中小企業では採用のときから、その人に任せたい仕事と役割を考えているはずです。その人の加入でビジネスをどう転換していきたいのか、どこを任せたいのかをきちんと説明し、有用な人材であることを認識してもらいます。

自分の強みをどのように見つけさせるか

若者世代は自分の普段の行動や選択のどの部分が、マーケティングの強みになるかを知りません。弊社を例に出すと、女性のコスメに対するニーズや悩み、ヘアケア製品が使われる場面、値段の感覚、どういう情報を見て購買行動に出るのかなどは、おじさんの私にはわからないことだらけです。部下の女性社員たちが無意識にしている行動や価値観は、マーケティングのヒントになります。

最近、一番驚いたのは、買い物先の使い分けの話を聞いたときでした。購入する商品によって「これは楽天で買う」「これは絶対Amazon」「これはリアル店舗」と使い分けていると言うのです。

なぜ、そういう使い分けをしているのかにも理由があるのですが、同世代の中では常識なので、わざわざ言いません。当然、会議でもそれが話題にのぼることもなく、雑談の中で偶然耳にしました。私たちからすると、それを知っていれば、どこにどんな広告を打てばよいかがわかるお宝情報なのに、彼女たちはその価値を知りません。

彼女たちのトレンドの移り変わりはとんでもなく早いため、私が「楽天経済圏」「ポイ活」などの実態を知った頃には、Z世代はとっくに新しいものに目をつけていました。そのため、社内の会話は、常に次のような感じです（ちなみに、楽天経済圏とは生活に関わるサービスを楽天に統一することで、ポイントを貯まりやすくすること。楽天ポイントを貯めている主婦や若者世代がその住人です）。

上司「その商品のターゲット層は楽天経済圏だから、楽天で広告を打てばいいんじゃないか？」

部下「それじゃまったくだめです。それだけでは広告も見ないし、買いませんよ」

上司「それじゃ、若者がよく使うＬＩＮＥに広告を出したら効果抜群じゃない？」

部下「何言ってるんですか。イマドキの若者はＬＩＮＥ疲れしてますよ」

上司「インスタはどう？　インスタなら見るでしょ？」

部下「インスタは友人へのＤＭ用です」

上司「じゃあ、TikTokは？　あれ見て何か物を買うんじゃない？」
部下「いや、買いません。情報を仕入れているだけです……」
上司「それじゃ、新商品の〇〇〇だけど、、20代前半をターゲットに認知させたい場合はどうするの？」
部下「それなら、まず△△△をやって、次に□□□……」
こうした感じのブレストをひたすら続けて若者世代の購買心理とフォローを整理していきます。

若者は、とにかく移り変わりが早い情報の激流の中にあって、その流れにちゃんと乗っています。みんながどういう感覚で商品を買おうとしているのか、見てわかっているし、自分も同じようにしています。それなのに、その購買行動を自分のビジネスのマーケティングに活かせません。自分の知識が当たり前すぎて、昭和世代にはない強みだと気づけないからです。

本人たちが気づけないなら、上司が見つけて活用するしかありません。そのためにも上司は日頃からトレンドを勉強しておく必要があります。普段の若者との会話で、ヒントをスルーするようではいけません。

上司「君いつも化粧品どこで見ているの？　どこで買うの？」

部下「楽天です。楽天カードで買っているので。ポイ活もできるし」

上司「そうなんだ。へえ～」

これで会話が終わってしまうようでは意味がありません。

上司「使っているのが楽天カードだと、楽天で買うの？　どうして？　何かいいことがあるの？」

このように知らないことは、どんどん若手に質問し、自分の知識をアップデートします。

ビジネスの役に立つときが、必ず来るからです。

履歴書にも書かれていない隠れたスキルを伸ばしていく

履歴書に書いていないスキルを持つ令和世代が入社してくることが増えました。なぜ、採用面接のときにアピールしてくれないのか不思議ですが、おそらく自分なりの達成基準を満たしていないために、「こんなレベルでは履歴書に書けない」とでも思っているに違いありません。

一番多いのは、Photoshop、Illustratorといったデザイン系のソフトウエア（動画編集）を使いこなせる子たちです。昔はこれらのソフトは1本数十万円と高額で、プロにしか手が届かないものでした。

しかし、今それらのソフトは、月額のサブスクリプションサービスに加えてフリーソフトも充実してきています。使ってみたい若者たちに十分手が届くようになりました。そのため、イベントのチラシやサイトのランディングページなど、自分のセンスで作ってみたくて操作を覚える子が増えました。

プロのデザインクオリティには達しませんが、ソフトの基本的な使い方はわかるし、簡単な修正なら任せられます。他にも、趣味で動画編集をやっていましたという子は意外と多くいます。

どの企業でも広告にSNSを使う時代です。これは強力な武器になります。特に弊社のような化粧品メーカーは、写真や動画でアピールすることが多いため、これらのソフトが使えたり、SNSの運用を任せられたりと、隠れた才能を持つ社員は大歓迎です。少数精鋭で一人が何役もこなすような働き方をしている会社では、才能は隠さずどんどんアピールして欲しいものです。

しかし、それを言えないのが令和世代です。上司は様々な仕事を体験させる中で、「もしかして、こんなこともできる?」と、さりげなく聞いてみることです。

ただし、それらは、会社にとってはうれしいおまけのようなものであり、メイン業務ではありません。採用時に必要と判断したのは、履歴書に書かれたスキルです。メインの仕事の邪魔にならないよう、さらっと頼んでみる程度でいいでしょう。メイン業務以外のスキルを会社でも磨ければ、お互いに損にはなりません。**仕事の幅を自分で狭める必要はなく、できることはどんどん経験しておけば、必ずどこかで役に立ちます。**これは間違いのない事実ですので、教育の一環として常に大切に伝え続けています。

やる気の有無を確認してから仕事を任せる

何でもやってみたい好奇心旺盛な昭和世代からすると、「せっかく面白そうなスキルを持っているのなら、会社でもどんどん使ってみたらいいのに」と、じれったく感じます。けれども、そこが令和世代との違いです。彼らは、やりたくないことは本当にやりたがりません。特に責任ある仕事を嫌います。スキルを履歴書に書かなかった理由はもしかすると、仕事で担当させられるのが嫌だったからかもしれません。

新人が動画編集ソフトを扱えると聞いて、SNS用のショート動画作成を依頼するとき、大事なのは本人の意思を確認することです。納得してもらったうえで任せないと、期限まで時間を潰して「何とかやってみました」と、低クオリティな作品を出してくることがあります。

やりたくないなら断ってくれて構わないのに、嫌われたくないから嫌だと言えず、精いっぱいの抵抗をした結果だと思われます。時間の無駄をなくすために、できるかどうかだけでなく、やってみたいかどうかまで必ず確認します。

社内のマネジメント業務は、令和世代が嫌がる仕事の典型です。少しでもリーダーやマネジメントを任せようとすると、露骨に嫌がります。「グループの中で君のアイデアが一番面白い。リーダーになってそのアイデアを実現してくれない？」と頼むと、途端に腰が引けてしまいます。

面接していても、若い人は責任のある仕事を一人で担当することを嫌がります。「自分の裁量で自由に思い切りできる」とは捉えず、「何かあったら自分だけのせいにされる」と

［図 3］会社のニーズと本人の適性&モチベーションの関係

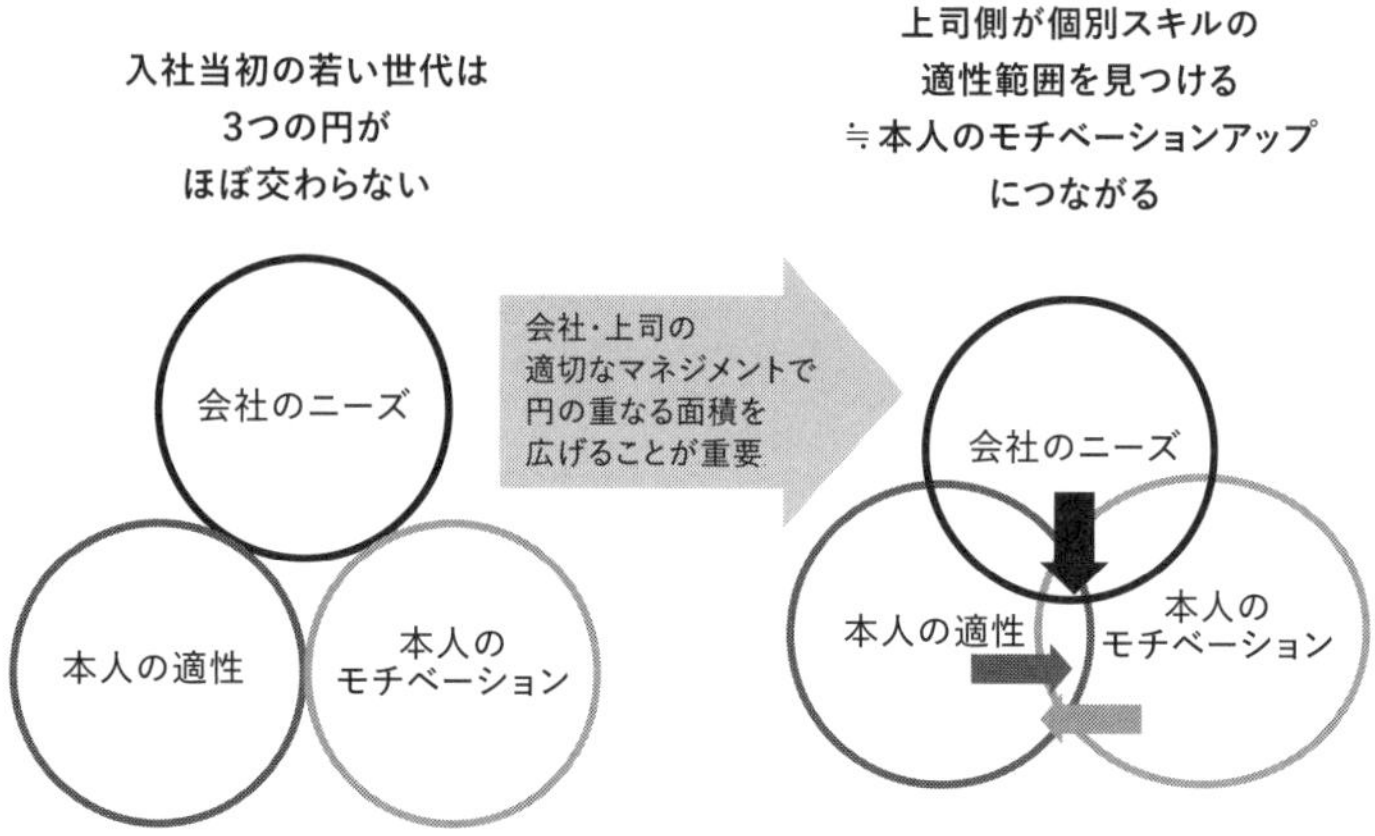

ネガティブに考えてしまいます。一人でできる仕事でも、複数人で担当して責任をあやふやにした状態を作っておきたいようです。もちろん、弊社ではそういう方は最終面接までいきません。

本人の「モチベーション」「適性」が「会社のニーズ」と一致する仕事を任せられれば一番いいのですが、うまく重なることはまずありません。本人も会社も納得できるポジションを用意することは本当に難しいことで、まず叶うことはないと考えていいでしょう。

上司にできるのは、不満を会社に貢献できたという満足感で埋められるよう、

任せた仕事の意義を伝え続けることです。

会社における居場所とは存在意義のことです。「君がこの仕事をしてくれたから、会社にこれだけの利益が生まれたのだ」と、頑張りを認めて評価するよう心がけます。会社に貢献できたという満足感があれば、不本意な仕事であっても、もっと頑張ろうと思えるかもしれません。

仕事を属人化したほうがいいということではありません。君のおかげでみんなが助かったという事実が伝われば、「自分のスキルアップよりも誰かの役に立つこと」が働くモチベーションに変わる可能性もあります。そうなれば、苦手だと思っていた仕事が実は自分の強みだったと気づくこともあるかもしれません。

スモールステップで壁を超える練習をさせる

社会人の第一歩は、自分が会社を代表しているという意識を持つことです。新人には、外に出しても恥ずかしくないマナーと常識を身につけさせましょう。それが最初の課題です。中小企業には外部とのやりとりがない部署はありません。

どれだけ仕事ができても、人として信用されない態度や言葉遣いは、会社の不利益になることを伝えて改めてもらいます。仕事は実戦で覚えてもらうことが多いので、特に社外の人たちとのやりとりに気をつけましょう。

とはいえ、いきなり実戦の場に出ていくことは、本人にとっても相当なプレッシャーになりますから、見通しを示してあげることが大事になってきます。**いつまでにどれくらいの成果が欲しいのか、先に到達目標を示し、そこに至るまでの具体的なロードマップを作って共有します。**

見通しのない不安を払拭するためのロードマップですから、完全にその通りに進まなくても問題ありません。そのうえで、小さな疑問や気になったことは早めに相談するように伝えます。この段階で、上司へと相談する正しいタイミングを身につけさせておくのがベターです。

どれだけ大きな案件でも、乗り超えるのが大変なところと、そうでもないところがあるものです。一人で任せられそうなところは積極的に任せましょう。業務を細分化し、小さい成功や失敗を早い段階でなるべく多く経験させ、ヒントやヘルプをすぐに出せるように近くで見守りながら、壁を超える経験をさせましょう。

何度か成功を経験すれば、自主性が出てきます。小さな壁で練習しておけば、大きな壁もいずれ飛び超えるようになります。その頃には、仕事の楽しさもわかるようになっているはずです。

会社は新人の実力を見極め、頑張ればクリアできる程度の課題を与えながら、困難を乗り超える力をつける場を提供します。難しすぎる課題を与えて失敗させると、自信を失って辞めてしまうので、正しく実力を判断することがポイントです。

弊社の社員たちに書かせている日報は、自分の成長を実感できるツールとしても役立っています。一年前の自分にはできなかったこと、知らなかったことを、今の自分は身につけているのだと気づけば、経験に裏打ちされた正しい自信が育ちます。正確な実力評価を自分で行えるようになるためにも、取り入れることをお勧めします。

相性のいい仕事に出会うためには数をこなすしかない

仕事は、本人の得手不得手よりも相性でうまくいくところが大きい面もあります。たとえば、化粧品業界は商品によって、お客さまへのアプローチの仕方が変わります。ウェブ広告、紙の同梱物、メルマガ、SNSなど、どれが購入につながるかは、やってみないとわかりません。それらの広告媒体のうち、どれと相性がいいのかは人によって違います。

ウェブ広告をどれだけ教えてもさっぱりうまくならない人が、動画はとてもいいものを作るといったことはしょっちゅう起こります。扱う商品との相性もあり、健康食品の広告はまったくセンスがないのに化粧品は勘がいいなどということもよくあることです。一面だけを見て「この子は広告が得意だ、苦手だ」と判断するのは早計です。一巡させてみれば、どこかにマッチする仕事が見つかるはずです。

いろいろ経験させてみると、さほど苦労しなくても売り上げを作れる仕事に出会えるときが来ます。それが「業務相性がいい」ということです。新人が自分を活かせる案件に出会ったとき、初めて働くことが楽しいと思えるようになります。育成の最も有効なコツは、そんな仕事に早く出会わせてあげることです。そのためにも、あまり一か所で長く様子を見ないことです。


広告を例に挙げましたが、どんな会社でも職種ごとに成功と失敗が定義できるはずです。若手社員が成功体験を積める機会は、どの部署にも用意されています。バックオフィスなら原価削減、効率化、商品企画ならリリース後の販売展開など、コストの削減、または売り上げの増加のどちらかで会社に利益をもたらすことが可能です。

たとえ少額でも、**自分の力でお金を生み出すことができたなら、それは立派な成功体験**です。目標を達成できたか否かというゼロイチだけで、成否を判断していては、若手に成功体験を積ませることができません。

仕事の経過の中には無数の成功と失敗があります。それを見逃さず、小さなことでも評価します。**昭和上司が「成功基準」の意識を変えれば、会社もどんどん成功体験を積める場に変わるはず**です。

「やり抜く力」を身につけさせるには？

たとえば、新しい施策を打ち出したときに、「あとひと押ししたら、結果が出そうだ」

と昭和上司が感じたとしましょう。そんなとき彼らは、部下に「最後までやり抜け」「もっと粘れ」「あがいてみろ」など、昭和スポコンアニメに出てきそうな言葉を使いがちです。「まだ打てる手があるのではないか？」と伝えたいだけなのに、どうも言葉に昭和の根性が宿ってしまい、暑苦しく聞こえてしまいます。

対する令和世代はコスパ・タイパを重視しますので、一度結果が出たことに再挑戦することを無駄だと思ってしまいます。令和世代にとっては「最後までやり抜いたから、この結果が出た」のであって、とっくに終わった過去のことを暑苦しくほじくり返されている気分になってしまいます。

昭和世代からすると、若い子はあきらめが早すぎて、早々に終了の判断をしてしまい、いろんな方法を模索することもなく、「やり抜いた」と言っているように感じます。上司が言う「やり抜く」とは、試行錯誤を繰り返し、打つ手がなくなるところまでやるという意味なので、ここに食い違いがあるのにお互い気づきません。ですから、会話がかみ合いません。

上司「この施策、どこまで実施した？」

部下「もう終わりました」

上司「プランAはダメだったの？」
部下「そうです」
上司「じゃあ、プランBは試してみた？」
部下「やってません」
上司「プランCは？」
部下「やれって言われてないので、試してません」
上司「プランAの失敗原因は何だと思う？」
部下「知りません。考えろと言われてないので、考えてません」

令和世代には、悪気はありません。実施した結果だけを問われているのだと理解し、正直に答えているだけです。昭和上司のほうでは、思いつく限りの手を打って次に活かせる学びが欲しいと思っていたのに、これでは拍子抜けです。私から見ると、これは、事前のすり合わせ不足が招いた結果です。

会社で行われる事業には、絶対に成功させなくてはならないものと、チャレンジ・レベルのものがあります。後者は、失敗してもその中で人を育てられればいいとか、新規事業の手応えを確認したいだけとか、参加することに意義があるタイプの事業です。前者には、成功するまで絶対にあきらめずに手を尽くす「やり抜く力」が求められますが、後者は、撤退の見極めのほうが大事になります。

そのため、令和世代が新施策を打ってみて早々にあきらめたことは、決して間違っているわけではありません。はじめに上司が施策を実施する目的を伝えなかったことによる、コミュニケーションロスが招いた事態です。昭和世代は、まず「やり抜く」の意味を共有するところから始めなくてはいけないのです。

このように、昭和の抽象的表現は令和世代に伝わってないことを理解し、令和世代にわかる言葉に翻訳する必要があります。

令和世代全員が常にそうではありませんが、努力や粘ること＝タイパ・コスパが悪い行為と捉えがちで、必死に頑張ること、無駄な汗をかくことを嫌がります。上司が「ここまで来たんだからもう少し粘りなよ」と言っても、粘るという行為にネガティブなイメージしかないので、やる気になれません。こういう場合は、先に共通言語であるＫＰＩで説明します。たとえば、次にように言えば伝わるはずです。

「その施策のＫＰＩはこの値でしょう？　君の報告では、そこまで達してないじゃない？でも、関係するこの数値を上げられれば、ＫＰＩも上がるはずだよね。そこまで続けた結果を知りたいんだよ」

説明の仕方次第で、こちらのして欲しいことをしてもらえるなら、上司は共通言語としてのＫＰＩを使いこなすべきです。「施策の目的はこれ、ＫＰＩ目標値はこれ、ＫＰＩがこれ以下の数値ならプランＢＣで継続、これ以上の結果が出れば終了」と具体的に説明し、継続と終了の条件も先に伝えます。**「やり抜け」と要求するなら、どこまで到達したら「やり抜いたこと」になるのか、その条件を先に数値で伝えなくてはなりません。**

令和世代の「努力と根性」は投下先が違う

昭和世代が使う「努力・根性」と令和世代のそれは根底に流れるものが違うと考えたほうがいいでしょう。昭和世代が努力と根性という言葉を使うとき、思い浮かべるイメージは「がむしゃら」です。つまり、非効率に時間を使い、無駄に数をこなし、ひたすら汗を流すことを指します。

対する**令和世代の努力と根性はタイパ・コスパとワンセット**になっています。事前によく調べて効率のいいところに重点的に投資し、あらかじめ結果が見えていること、先が読めることにしか努力も根性も注ぎません。無駄だと思うことに精力を傾けられない世代です。

上司は、それを踏まえておく必要があります。今はこの世代間ギャップを理解できる人が少なく、令和世代の価値観とやり方に合わせてあげられる会社が少ないように感じます。せっかくの人材を使いこなせていないのは、惜しいことです。

仕事では、努力と根性が求められる場面が必ずあります。それを発揮できないと、壁を超えて成長することはできません。どの世代に属していても同様です。ただ、若者は昭和世代のように上から言われたことを何も考えずに実行する、旧来の体育会系的な根性論を刷り込まれるといったことがないまま育ったため、「上司の言うことは絶対だ」と思っていないだけです。

このように「粘れ」「やり抜け」「根性見せろ」「努力が足りない」といった昭和言語は、彼らにはまったく伝わらないどころか、かえって悪影響しか生みません。頭ごなしに理不尽で非効率な命令しかしない上司だと判断されて、聞いているふり、仕事をしているふりしかしなくなってしまいます。

それを防ぐには、上司側が変わるしかありません。令和世代が効率を重視しているなら、こちらも**効率をベースにした言葉でやりとりすること**です。新人にとっては一見、意味がなさそうな仕事でも、会社が取り組んでいるビジネスの中では、必ず重要な一翼を担っているはずです。意味のない仕事はありません。

令和世代は経験が浅いために、それがわからず無駄な仕事に見えているという側面もあるはずです。ならば、ビジネス全体の中で任せた仕事が担っている意義や価値をまず説明することです。この仕事がどれだけ大事なのか、この成否が全体をどう左右するのか、その影響力を伝えます。

彼らは**自分の存在価値を重視する世代でもあるので、自分の仕事に意味や価値を感じれ**

ば、必ず真剣に取り組み始めます。頭ごなしに「とにかくやれ」と言われても、自分の存在意義が損なわれるように感じて反発しますが、理屈がわかれば素直に取り組み努力もします。

会社にとって最もよいパフォーマンスが得られるのは、チームが一体となったときです。とすると、歩み寄りの期待できない令和世代の代わりに、昭和の上司たちが令和の部下たちのコスパ・タイパという価値観を理解し尊重できたとき、その一体感が生まれるはずです。

共に働く中で信頼関係が生まれれば、昭和の「がむしゃら」にも意味があることを伝えて、尊重し合える関係もきっと築けます。仕事は答えのないところに答えを作り出す作業であること、慣れないうちは楽にできる方法はないこと、汗をかくことも無駄に見える努力も必要であること……。こうした私たち世代の価値観をさりげなく伝えて、お互いの理解が進めば、会社はますます強くなっていきます。

自分の仕事を後輩に譲りたくない人たち

私たちのようなウェブマーケティング・ＥＣ業界だけでなく、今はどんな分野のビジネスもすごいスピードで変化していく時代です。常に新しいことを取り入れないと生き残りは難しく、若手の育成も、それを踏まえておく必要があります。

たとえば、一年目の新人の達成目標が、担当するマニュアル化された業務内容をすべて一人で対応できるようになったとしましょう。これが１００％達成できたなら、二年目は次の業務レベルにステップアップさせるのが当然です。

ところが、一定数は自分が作り上げた成果にこだわるあまり、次のステップに進めません。すでにマニュアル化して、誰にでもできるように仕上げたその仕事を、他人に任せることができないのです。「これは私がやった仕事だから」と縄張り意識をむき出しにして、抱え込もうとします。

これは会社にとって大きな損失です。何しろ100%の成果を出した実績のある新人に同じルーティンワークをやらせておくなど、無駄以外の何物でもありません。できて当たり前の仕事は後輩に任せて、次の新しい仕事に取り組んでもらわなくては、ビジネスが立ち行きません。


弊社のような社員が5人しかいない会社では、仕組み化された業務分野を任せる相手は後輩ではなく、パートナー先の専門のプロがいる会社（IN、OUTコールセンター、フルフィルメントなど）に委託します。フロー化した仕事を社外に出し、社内には常に考える仕事やノウハウが関係する業務（施策、マーケティング、商品企画など）だけを残しておくのが生き残り戦略です。もう少し規模の大きな会社でも、考え方は同じです。手足と頭脳は、同じ仕事をしていてはいけません。

それなのに、「自分の仕事を取られるのが嫌だから」と、いつまでも後輩に譲れないでいると、本人が成長できません。10年後も20年後も同じ仕事だけをしているルーティン社員になってしまい、仕事の達成感や喜びを味わえないつまらない会社人生を送ることになります。

こんな人ばかりが増えたら、会社にとって大損害です。ビジネスを生み出す「頭脳」に給料を払いたいのに、考えない「自ら動かない手足」に高いお金を払い続けることになるのですから。経営者としての私は、**従来品の改良・改善も重要ですが、新規に生み出す事業や企画のほうが難しく、将来的に大変価値がある**と考えます。

昭和世代向けにアニメでたとえると、『機動戦士ガンダム（初代）』に新しい武器を持たせ、どんどんかっこよく強く改良できればファンは喝采し、売り上げは伸びるかもしれません。けれど、すでにあるガンダムの細かなデザイン変更よりも、ガンダムの仲間となる新しいモビルルスーツをゼロから企画して作れることのほうが会社の将来には役立ちます。なぜなら、最初に原型を生み出すことさえできれば、それがのちに続く人の発想力や具現化力を育てるからです。

後輩は、初代ガンダムを研究しブラッシュアップして、よりファンを惹きつけるものを作るというビジネスの練習ができます。細かなバージョンアップを経験することで、新たな製品を生み出すために必要なノウハウを身につけていくことが可能になります。

いつまでもプレイヤーにこだわると会社に居場所がなくなる

ガンダムを作った人間が、「私のガンダム」にこだわるあまり、他人に譲れないようでは会社が困ります。ガンダムを作った人には、その才能を存分に活かして、次は時代にマッチした別のロボットであるエヴァンゲリオンを企画して欲しい。初号機を作ったら、2号機3号機の試作に頭を切り替えて欲しいのです。

「私が作ったんだから、私が操縦するんだ！　整備するんだ！」とこだわらないで、次はそれに搭乗させる人物を考えるべきです。そして、エヴァを扱える人がだんだん増えてきたら、また新たなロボット開発に向かいます。その開発の面白さを味わって成長して欲しいと考えます。個人のスキルアップが果たせて会社に利益も入るのですから、互いに得しかありません。

なのに、それがいつまでも実現できないとしたら、会社の環境にも問題があると見るべきです。ガンダムのみが企業の主力であるメーカーであることにこだわって、エヴァを作る環境を用意できていないのかもしれません。新規にチャレンジできる魅力的な職場環境がないと、過去の成果にこだわってしまうのも、ある意味仕方がないことです。

女性の場合は特に、自分が手塩にかけたものを他人に渡したくないという気持ちが強く、ガンダムもエヴァも、ずっと自分の手の中で運用しようします。しかし、体はひとつしかないので、限界がやってきます。

困っていると、見かねた上司から「ガンダムもエヴァも後輩に任せなさい」と言われるのですが、2機を手放したら、自分には何も残りません。新しいロボットを持ってないため、居場所を失ったように感じます。

後輩が育ったから私の役割は終わった、私はもう会社にはいらない人間だと悲観して辞めてしまうのはこんなときです。本来は若者世代に新しいロボットを企画するノウハウを指導して欲しいのですが、**年齢を重ねても、キャリア相応にリーダーやマネジメント職をしたがらないでいると、会社に居場所がなくなってしまうのです。**

「本人がマネジメントを嫌がる。でも下は入ってくる。だったら、いっそプレイングマネジャーにしてしまえ。これなら現場もマネジメントもできるだろう」

このような現場偏重状態が、今の日本の会社の実情です。経営者がそれをよしとすると、自分の仕事を手放せないベテランA子さん（40代）も若手のB子さん（20代）も中途採用のC子さん（30代）も、みんなプレイングマネジャーの肩書きを持ち、同じような現場仕事をすることになってしまいます。そんな「頭のいない職場」は衰退するだけです。

売り上げを作れる優秀な人材を潰しているのは、会社の仕組みなのかもしれません。そういう視点で、育成制度を点検してみる必要があります。

優秀なリーダーとは手柄をたくさん立てた人ではない

令和世代の若者が自分の成果にこだわるのは、成長の過程でずっと成績だけを評価され続けてきたからなのかもしれません。けれども、会社の仕事はチーム戦です。個人の成績以外にも、チーム内で評価されるポイントがあります。

ドラッカーは「真のリーダーは、自分が去ったあとに組織が崩壊することを恥とする」という言葉を残しています。**優れたリーダーとは、優れた部下、優れた組織を育て残した人のこと**だという意味です。その人がいなければ、組織は何もできないカリスマヒーローが優れているのではありません。自主的に考えられる部下を育て、組織を強くした人こそが優秀なリーダーです。属人化させずに、仕組化された組織を作り、また次の新しい発想につなげる会社は、本来こういう人を求めています。

現場が楽しいのはわかります。けれど、後輩に現場を譲り、自分がキャリアアップする勇気を持って欲しい。チームを重視し、手足であることをやめ、頭として考える存在になって欲しい。そうすれば、より会社に貢献できるのに、その才能を使わないのは惜しいと経営層は考えています。

個人の成果なんてたかが知れていて、チームで作る成果は規模が違います。一人でノウハウを抱え込んでいても会社は発展しません。組織は強くなれないままです。いつまでも職人のように一人で仕事をしていては、誰かにそのノウハウを伝えられずに会社を去ることになります。その成果はいずれ忘れられて消えていくだけです。

けれども、人に伝え、育てることができれば、それは会社が続く限り残ります。上司は、どちらの道を選びたいかを部下に問いかけ、勇気を持って前に進めるよう背中を押すことが大事です。

小さな変化を見つけるための観察眼を養う

令和世代の若者たちの能力を会社で活かそうと考えるならば、上司が彼らの価値観を肯定し尊重することが大切です。いつまでも「今の若いもんはこれだから」と否定的な目でできないところばかりを見ていては、心を開いてくれません。コミュニケーションもとれず、会社に愛着を持ってもらうことも難しいままです。

私は、始業前にオフィスの掃除をしていますが、これが部下たちを知るうえで思いのほか役に立つことを知りました。弊社のような少人数の会社ではオフィスも小さいため、清掃スタッフの派遣サービスをやめ、全社員で役割分担を決めて実施するようにしました。毎朝、私が掃除機をかけたり、トイレ掃除をしたりしています。

あるとき気づいたのは、**部下たちのメンタルの状態は卓上に表れる**ということです。心が穏やかで仕事に集中できている人は、机の上がとてもきれいで整理整頓が行き届いています。それはもう、はっきりと差が出ていました。出社時の朝方、机の上が荒れていて終業時に片づける心の余裕がないのかなと思っていると、そういう子はたいてい近いうちに消えるように辞めていきます。

それに気づいてからは、朝の机を見て「大変そうだなあ、大丈夫か？　困ってることはないか？」と周りの同僚から声をかけさせるようにしました。みんながバタバタして疲れていそうなときには、オフィス全体が何となく雑然としてきます。そんなときは一度、小休止してランチ会をするようになりました。

弊社の入口には、グリーンが置いてあります。この世話も私の担当です。毎日眺めて世話をしていると、小さな変化に気づくようになります。大きな観葉植物に、1ミリメートル程度の小さな芽が出るだけでも、昨日と違うなと気づきます。毎日観察することで、変化を見つける目が養われるようです。これが社員たちの変化を察する役にも立っているので、他の人に任せようとは思いません。

私が率先して掃除をするようになってから、社員全員が率先して水回りをきれいにしてくれるようになりました。コーヒーメーカー、空気清浄機、除湿器なども気づくといつの間にか掃除してくれています。部下の働く環境を整え、心の状態を気にかけるようにしていたら、彼女たちも会社のことを考えて動いてくれるようになりました。身の回りを整えることは「お客さま社員」卒業の兆しとアクションの表れです。

若手のアイデアと価値観を商品企画に活かす

何度もお話してきましたが、弊社のような化粧品メーカーでは若い女性が指南役です。マーケティングも商品開発も、彼女たちの感覚や価値観が、ビジネスの役に立っています。メイクをしたことがないおじさんが考える化粧品より、きれいになりたくてコスメを使っている若い女性のアイデアのほうが、世の中のニーズを満たすものになるのは、わかりきったことです。

大切なのは、彼女たちから現代の生きたアイデアを引き出すことです。自分の発想や感性が商品になって会社に売り上げをもたらせば、それは自信につながります。それがロングセラー商品になれば、会社を辞めたあとも、成果が世の中で生き続けていくのですから、こんな喜びは滅多に味わえません。

上司は常に若者の発言にアンテナを張り、それを企画に活かすよう努力すべきです。昭和のおじさんから、若者向け商品のアイデアは出てきません。けれども、私たち世代は若者のアイデアを形にし、販売戦略を立てることができます。互いの強みを活かし合いましょう。

重要なのは、日頃から気軽にアウトプットしてもらえる環境を作ることです。いくらミーティングや会議の場を作っても、日頃のコミュニケーションが成立していなければ、何の意見も出てきません。

以前、仕事の付き合いがあった女性向け雑貨・コスメ企画販売企業の話です。渋谷の中心に位置するティーンに大人気の雑貨セレクトショップが入っていました。そのショップは、長期の休みになると、全国からティーンエイジャーがかわいいものを求めてお小遣いを握りしめてやってくるほどの大人気店でした。しかし、当時、そのショップの社長は60歳を超えた立派なバブル世代のおじさんでした。

社長の下で働く社員たちは全員男性ばかり。誰も女の子の気持ちなんて、わかりません。なのに、そのショップは当時（今から10年以上前）、ギャル向け雑貨の売り上げナンバーワンを誇る、ティーン憧れの店でした。

秘密は、当時としては革新的なマーケティングを採用していたところにあります。店舗で扱う商品の決定権を、ターゲットである10代の女子中学生・高校生・大学生に委ねたのです。

具体的にはこうです。ショップは定期的に販売前の新作候補商品を集めたイベントパーティを開催します。会場には化粧品や雑貨、その他のありとあらゆるサンプルを取り寄せて、手に取れるように準備してあります。企画会議という名の座談会に招待されたティーンの女の子たちは、それを見たり使ったりしながら、「これ、かわいい」「これはかわいくない」とジャッジしていきます。これを繰り返し、最終的に残った商品をさらに改良し、実販売価格を決めてから店頭で販売します。

店に並ぶのは、今でいう読者モデルのようなセンスのいい子たちが選んだ商品ばかり。モデルの子たちの写真も「私のイチオシ！」などと書いたポップと並べてディスプレイし、販売前から自身のブログで拡散しました。また、いくつもの大きな鏡の前にサンプルコスメを並べて、自由にヘアやメイクを楽しめるコーナーを作りました。これが大変な人気を呼び、日本全国から若い子たちが、わざわざ買い物に来るショップへと成長したのです。

よくぞ本部が男性社員ばかりの会社で、ここまで若い女性が憧れる店を作り上げたものです。私がこの本で話していることも、基本は同じです。

若年層ターゲットの気持ちは、おじさんにはどう頑張ってもわからないのだから、本人たちに聞けばいい。**若者のアイデアを活用することは、もはやビジネスの王道**です。そのためのコミュニケーションが重要なのです。

今も若い女性層に人気のロングセラー商品は、リアルなマーケティングを重視しています。日本が大発明したインスタントカメラのチェキもそうですね。「こういうのが欲しい」という若い女性のアイデアをどう具現化し、マネタイズしようかと昭和世代が考えて、異業種の会社が商品化したものがチェキです。そういう異世代間のコミュニケーションから新しいものが生まれる瞬間が、仕事をしていて一番楽しいときです。

メーカーはどこでも同じかと思いますが、製品やサービスのターゲットは自由にお金を使える若い世代です。**令和世代の部下に教わることは必ずありますし、意見を聞かずに進めるほうが怖いこと**です。社内にいながらターゲットの生の声を聞けるなんて、素晴らしいことではありませんか。どんどん意見を出してもらえる関係を作っていきましょう。

弊社のZ世代女子たちですら、10代の学生向けの商品を考えるときには、「私たちは、もうおばさんだから、若い子の考えることはわかりません」と言います。20代後半でもこうなのですから、世代間ギャップはいつの世も必ず生まれるということでしょう。会社で働く以上、ずっと自分と同世代向けの商品企画ばかりはしていられません。自分とは属性の違う人たち向けに商品を売らねばならないときが必ず出てきます。

その際、「そう言えば、おじさんたちはよく私たちの雑談からアイデアを見つけていたなあ」と彼女たちの記憶に残っていたなら、自然とどうしたらいいかが伝承されていくでしょう。これも立派な会社の財産です。

第4章

「若手に辞められたら困る」問題の解決策

若手が求める心理的安全性とは？

心理的安全性という言葉が、ビジネスの現場でよく取り上げられるようになりました。心理的安全性とは、組織の中で自分の考えや気持ちを誰に対してでも安心して発言できる状態を指す言葉です。自分のアイデアを発表するとき、「否定されるのではないか」「馬鹿にされるのではないか」と恐れる気持ちがあっては、会議は停滞し、事業はうまくいきません。心理的安全性の確保は企業の急務です。

昭和世代の私たちにとって、会社の心理的安全性とは、疑似家族的なつながりによって生まれるものでした。終業後の飲み会、休みの日の釣りやゴルフなど、プライベートを削ってでも、上司、社員間の絆を深めることで、自分がその場にいてもいいのだという安心を得ようとしてきました。

昭和の青春ドラマで一体感を植え付けられた世代ですから、何の疑問もなく、組織には太い絆が必要だと思っていたのです。

ところが、令和世代の若者は会社に「仲間意識」を求めていません。彼らが会社に求める心理的安全性とは、**職場の人間にプライベートに踏み込まれない、適切な距離が保証される状態**です。昭和世代のように、会社に帰属することで自分の気持ちが安らぐ場所を確保したいとは考えません。自分の安心や安全はプライベートな場で得たいため、他人にそのエリアを侵されることを嫌がります。

それが仕事の場で過剰な防衛反応となって現れ、周囲との間に軋轢が生まれることがあります。ちょっと立ち入った質問をしただけでハラスメントだと大ごとにされるので、昭和世代は若手に気を遣い、へりくだったような会話しかできません。その距離感に悩んでいる上司も多いと思います。

会社では仕事以外のことは話しませんという態度だと、円滑なコミュニケーションが阻害されます。あの人は扱いにくいと距離を置かれ、隣りの席にいるのに会話もなく、連絡がすべてチャットで行われるようになり、メールで外注先に業務を委託するのと変わらなくなってしまいます。

以前、弊社でこんなことがありました。部下の女性が「実家に帰省したので、お土産を買ってきました」と配っていたので、雑談のつもりで「へえ、それは地元の名物なの？」と聞いてみました。すると途端に表情を硬くして「そんなこと聞いてどうするんですか？何で知りたいんですか？」と強い拒絶が返ってきました。

すぐに、これは行き過ぎた防衛反応だなと思いました。私が彼女のプライベートを探ろうとしていると勘違いしたのでしょう。

「私は君のプライベートには興味ありません。お土産をいただいたら、どちらに行かれましたか、ご出身はどこですかと尋ねるのは、常識的な会話の範疇です。あくまで職場のコミュニケーションの一環で質問しているだけですから、警戒せずに普通に答えなさい」

私はこのように注意しました。こんな失礼な態度を客先でとられたら、フォローのしようもありません。適切な距離が欲しいという気持ちは大事にしてあげながら、それがマナーとして許容できないときは、きちんと注意するべきです。

コロナ禍以降、テレワークを実施する会社が増えました。新卒入社のときからずっとテ

［図 4］世代別に見た人との距離感

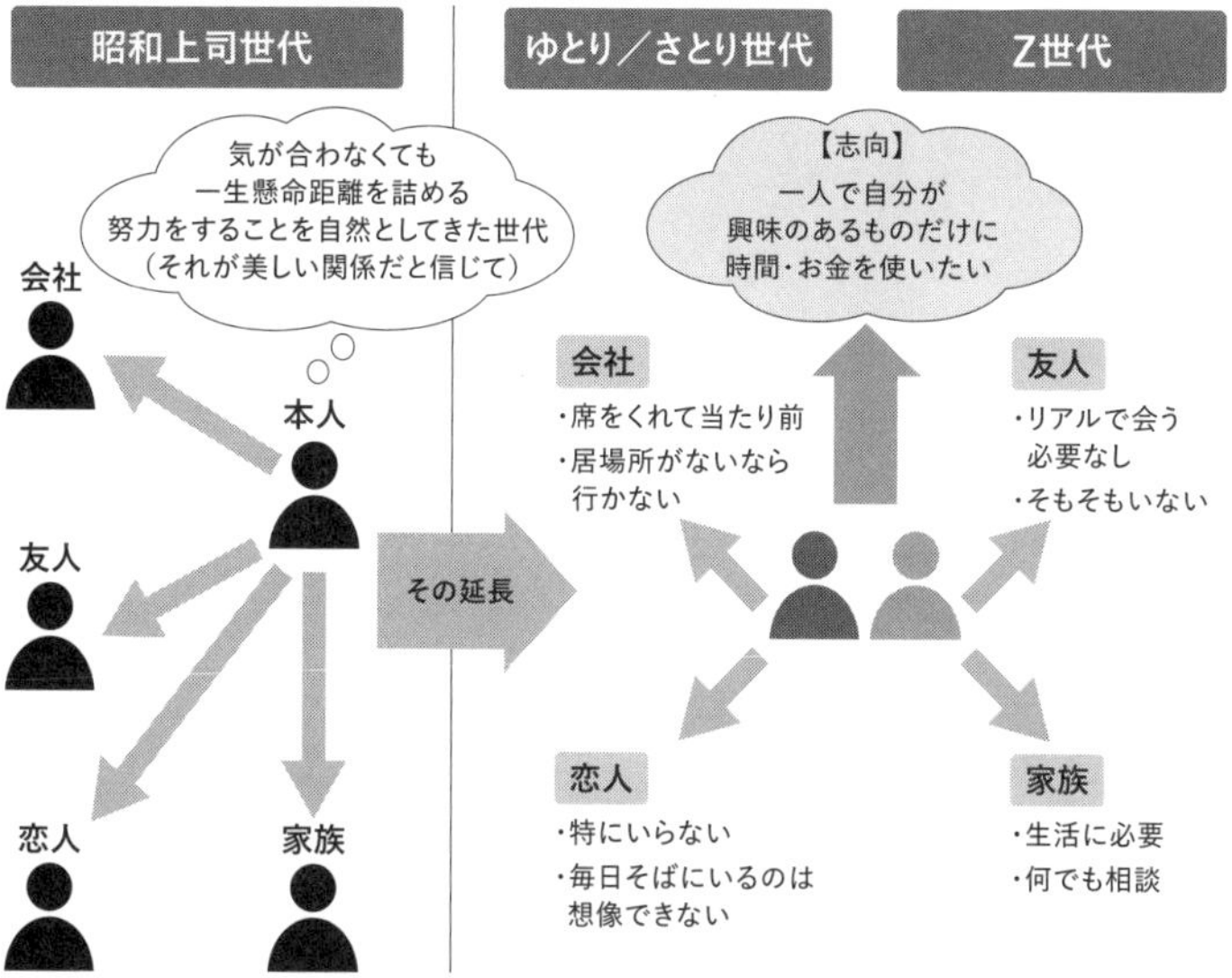

レワークで働いてきた若者たちが、コロナ明けで会社に来るようになった途端、体調不良で辞めていくことが一時期社会問題になりました。物理的に距離を取れていた安心感が崩壊して、ストレスで具合が悪くなったというのです。人に会わずに自分のペースでパソコンを相手にしているほうが楽だったのでしょう。

せっかく入った会社で直接先輩に指導を受けることも、同期と話すこともできないのに、それが安心材料になるなんて、私たちからするととても不思議です。けれど、どうやら若者たちは同じ仕事をしていても、周りに人がいるとそれだけでストレスになるようなのです。

彼らは決して悪い人材ではありませんが、人が怖いので自分から話しかけることができません。出社してきても、何にも言わずに自分の席に座ってスマホを触っているのはたいてい令和世代です。30代は「おはようございます」と挨拶できるのに、20代はそれすら言えません。気配を消してそっと自分の席に向かいます。

構われないほうが安心して会社で過ごせるなら、そうしてあげたいところですが、度が過ぎた態度は、社内でも浮いてしまいます。能力的には高く、長くいて欲しい人材ならば、せめて挨拶くらいはできるよう、こちらから声をかけ続けてコミュニケーションをとる努力はするべきですが、会社は幼児教育の場ではないので常識的なコミュニケーション指導は、入社後一定期間だけの対応となります。

出世よりも個人のスキルアップが大事

昭和世代は、そもそもキャリアというものを具体的に想像していませんでした。単純に、今よりもっと偉くなってお金を稼ぐことをキャリアアップだと思っていました。終身雇用が当たり前でしたから、今の若者たちのように、何歳までにこんなスキルを手に入れて、あんな会社で働こうというプランがありません。ただ出世していい暮らしができればそれで満足だったのです。

また、昭和世代は、役職と能力が比例しないことも多く、仕事ができなくても人付き合いがうまければ、上司に取り立てられることもありました。プレーは下手だけど人望があるからキャプテンを任される、昔の運動部のようなものです。

そうなると、自分のスキルやキャリアをそれほど真剣に考えなくても、困ることはありません。できるだけ早く上に行って安定した給与を手にして退職したい。それがキャリアアップという言葉に対する漠然としたイメージでした。ですから、中堅と呼ばれる年齢になると、部下ができることを自分への評価と受け取って誇らしく思いました。

この経験が令和世代とのギャップを招いています。若い世代に同じ感覚で接すると、部下は理由も言わずに辞めていきます。彼らはいわゆる「出世」などは望んでいません。

では、スキルアップのために転職するのかというと、そうでもありません。「今のスキルのまま現場にいていいと言ってくれている会社なのでそちらに移ります」と言うのです。肩書きがついて、役職が上がることよりも、煩わしい人間関係がなく、かつ自分のできる仕事だけを任せてくれる会社により魅力を感じるようです。

若者は偉くなりたくありません。自分の名刺にマネジメントや管理職の肩書きが入ることを嫌います。自分のことで手いっぱいで、**他の人の面倒を見たくないとはっきり主張し、現場でのスキルアップだけを望みます。**出世や安定よりも、個人の能力をアップして、転職市場で高い価値を付けられる存在であることを目指しています。

彼らの言うキャリア安全性とは、自分のビジネススキルを磨く環境が保証されることで

［図 5］令和世代のキャリア濁流

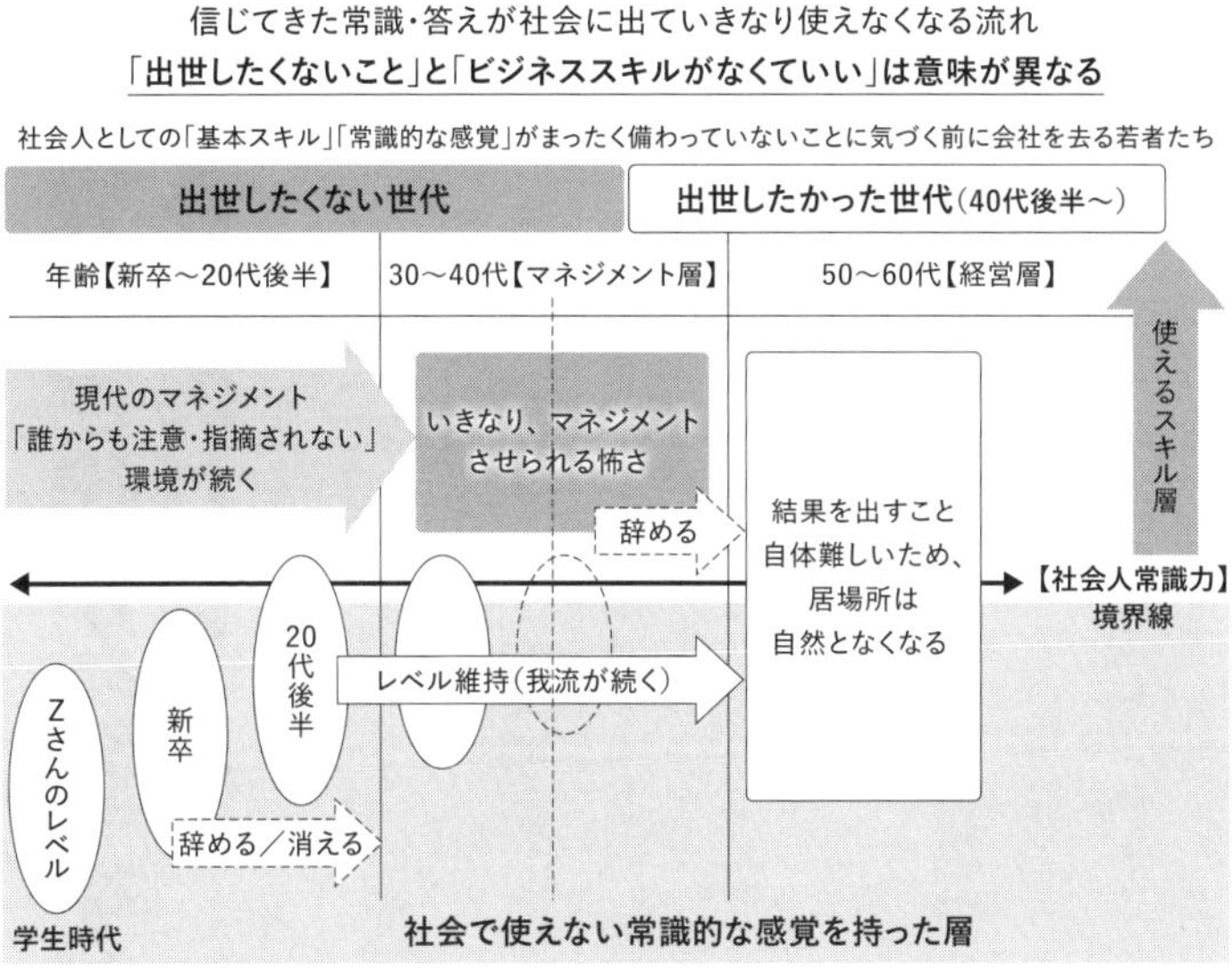

信じてきた常識・答えが社会に出ていきなり使えなくなる流れ
「出世したくないこと」と「ビジネススキルがなくていい」は意味が異なる
社会人としての「基本スキル」「常識的な感覚」がまったく備わっていないことに気づく前に会社を去る若者たち

す。マネジメントなどという対人関係の構築を要求される面倒で難しい仕事より、頑張れば頑張っただけ数字に反映される個人のスキルアップのほうが楽しいし、重要だと考えます。終身雇用制度は崩れ、将来もずっと同じ会社で働くわけではありません。

ならば、社内の人間と面倒な人間関係を作ることよりも、自分一人でどこでもやっていけるスキルを身につけることのほうが大事だと考えるのでしょう。

令和世代が仕事を辞める4つのパターン

令和世代は、仕事が長続きしないと言われます。私自身は、会社と社員はマッチングが大事だと思っているので、合わないところに無理しているよりは、早めに転職するほうがお互いのためだと思っています。しかし、採用にはそれなりのコストがかかるので、そうとばかりも言えない面もあるでしょう。そこで、令和世代が仕事を辞める例をパターン別に見ながら対策を考えてみました。

①今すぐしたい仕事がこの職場ではない

新卒の「職場ガチャ」という言葉に代表されるように、最も早く職場を去るのがこのパターンです。希望する職場に配属されなかった、上司が何となく合わない、職場は希望通りだが、自分のやりたい仕事を任せてもらえないなどがこれにあたります。

昭和の世代の私たちなら、「石の上にも三年」と唱えて、しばらくは我慢して様子を見ました。希望の職場ではなかったけれど、「やってみたら面白いかもしれない」「上司はいずれ変わる」「自分のやりたい仕事も待てばチャンスが回ってくるかもしれない」と考えて、仕事を辞めるまでもないと自分に言い聞かせていました。

令和世代の具体的な考え方を見てみましょう。たとえば、20代半ばでやっと出版社に転職できたとします。自分は文芸編集を希望したのに、ビジネス書担当になってしまいました。何年経っても自分がやりたかった部署に行ける様子がありません。

そんなときに、「同じ編集の仕事だし、これもためになるから続けよう」と踏みとどまるのが昭和時代です。「いやいや、これは時間の無駄だから、一日でも早く作家の先生について、小説の編集をしたい。今すぐ転属できないなら辞める」と考えるのが令和世代です。

これだけ聞くと、我慢できない世代のように受け取られかねませんが、そうではなく、進退に関する判断が早いだけです。なぜなら、自分のスキルを伸ばすことが最も大事なことだからです。**彼らは一人で生きていくために最速でスキルを身につける必要があり、無**

駄な時間を過ごす余裕はないと考えています。

その根底にあるのは不安です。会社は守ってくれないし、人生100年時代になって、定年を超えても働かなくてはいけない。副業もしないと食べていけない。そうなると、いろんなスキルを早く身につけておかねばなりません。その結果、今すぐこの年齢で経験しておきたい仕事レベルをすぐにさせてくれない、もしくは可能性が見えない職場に、さっさと見切りをつけて退職していきます。

大手企業は昔から、適材適所を見るために3年ほどかけて、いろんな職場を体験させ、新人が伸びそうな部署を見極めてきました。ところが今は、大手でも中小企業でも、入社してくる若者たちは、そんなに悠長に待てない人たちばかりです。その感覚の違いも、わかっておく必要があるでしょう。

②これ以上この職場にいても成長できない

「毎日定時まで働いていても、自分のスキルアップにつながる気がしない。やる気もあって頑張っているのに、ただ業務をこなしているだけで一日が終わっていく。それが不安で仕方ない」

最近、私の身近でもこのパターンで辞めていく若者の話をよく聞きます。弊社は、社員数が少ない分、外注に頼る部分が大きく、製品をＯＥＭで作ってもらったり、コールセンター業務を外部に委託したりしています。すると、関係先の若者から転職の相談を受けたり、辞めたあとからどういう事情で退職を希望したのかを聞いたりする機会があります。


ある会社の弊社担当営業の女性（20代半ば）は、実に優秀で東京支部でナンバーワンの売り上げを誇るエース的存在でした。その女性が、うちと取引を始めて2年後くらいにスパッと転職を決めました。理由を聞くと、その会社での天井が見えたと言うのです。

「会社の本社に行くと20歳ぐらい上の女性営業の先輩がいるんですけど、その人、明らかに私と同じレベルの仕事をしてるんです。自分が20年後こうなってるのかと思ったら、ゾッとしました」

その女性は、その後、まったく異なる業界（ＩＴ系ベンチャー）で法人営業に従事しているとのことでした。やる気がある若手で、大手からベンチャーへ転職を希望する方のわかりやすい事例です。

優秀で成績も上げている社員ですから、今の仕事に達成感もあったでしょうし、職場が楽しくなかったわけでもありません。ただ、20年後の未来のキャリアもなく、つまらない自分の姿を想像したときに耐えられなかったそうです。

よく、「若手社員は、仕事がキツくても辞めていく、ゆるくても辞めていく」と言われますが、彼らの言う「ゆるい」とは、昭和世代の私たちが想像するような意味ではありません。「ゆるい＝休みが多く、ノルマに追われることがなく楽だ」ということではなく、**「ゆるい＝仕事がマンネリ化して、ただ時間だけが過ぎていく、また同世代（同期）からスキルの遅れをとっていくような恐怖を感じる」**という意味です。

そういう業種は日本には多いと思います。いつかＡＩにとって代わられる仕事を、いつまでも人間にさせていることが、問題の根底にあるのだと思います。

③後輩が育って自分の居場所がなくなってしまった

30歳前後の女性の転職理由としてよく聞くのが、このパターンです。これは、明らかに管理職のマネジメントに問題があり、これまで見てきた2つの理由より改善がしやすいのではないかと思います。

仕事ができて後輩に教えるのもうまい女性は、上司の評価もよく、仕事を楽しんでいます。けれど、後輩が育って自分に追いつき、追い越してくると、もういけません。不安になってしまいます。

マネジメント層からは、「下を育てろ」と言われ、頑張って育ててきた。自分の仕事も手を抜いたつもりはない。けれど、実際に下が育って成績を上げてくると、自分の仕事はどんどん奪われていく。なのに、自分にはそれ以上教えられることが何もない。

会社において、仕事を奪われるということは、自分の存在価値がなくなるということとイコールです。モチベーションがなくなり、居場所が消えた気がします。そうして、悩んで退職していくという流れができ上がります。

こうした例は、上層部のマネジメントに問題があります。**辞めた人たちに、ふさわしいポジションや仕事が用意されていれば、自分の居場所について悩むこともなかった**でしょう。新しい仕事に意欲的に取り組めれば、新たなモチベーションも生み出せたはずです。

下は育てた、でも自分は上に行けない、上司は自分の成長をサポートしてくれない。こ

［図 6］ミドルマネジャー層の存在意義と退職する流れ

「若者世代（20代後半～30代半ば）あるある退職」

自分のポジショニング／存在意義がないと「会社を去る」＝昭和的「腰掛け」感覚はない

※特に女性で仕事ができる中間管理職によく見られる現象

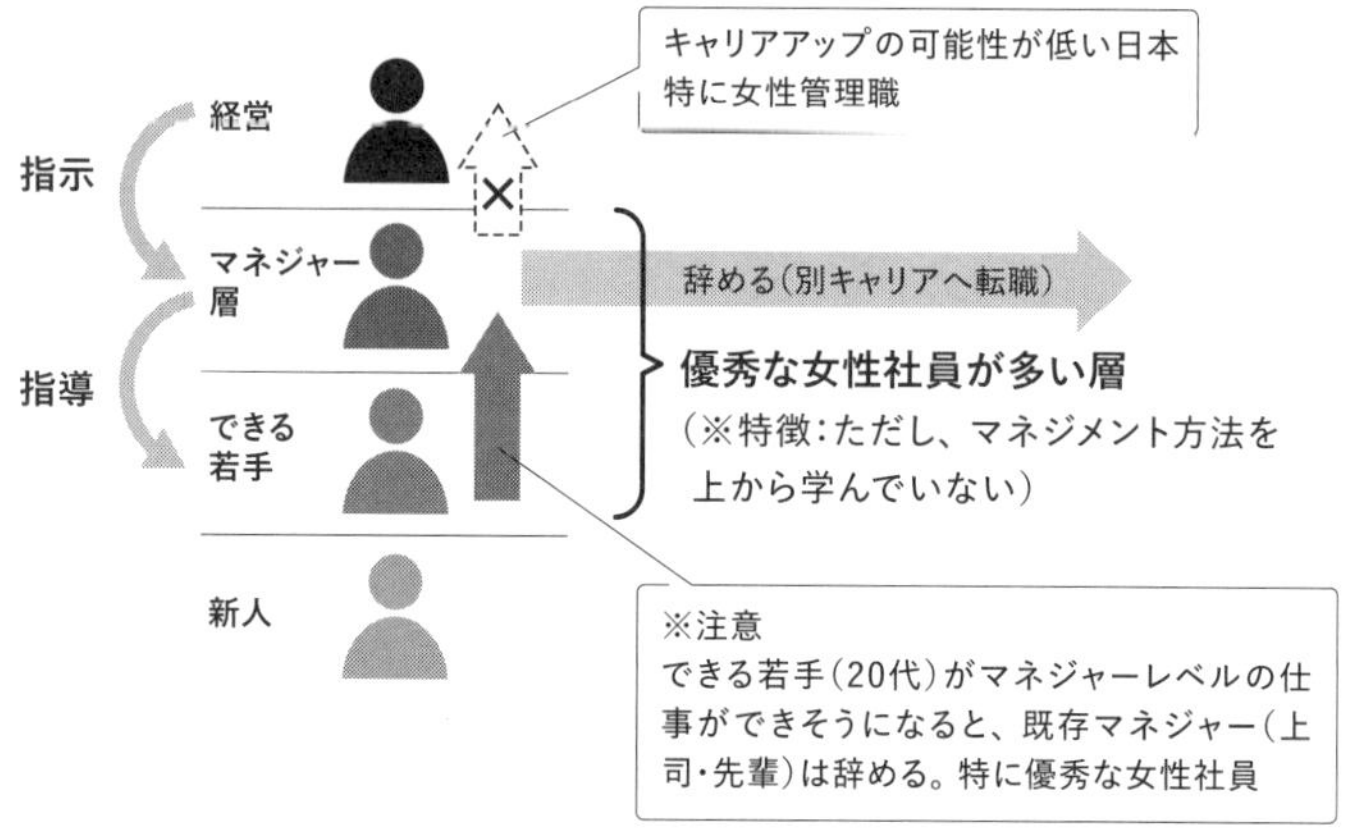

れでは、間に挟まれた優秀な若者が会社を嫌になるのは当たり前です。優秀な人材を逃がしたくないのであれば、上は新たな仕事、新たなポジションを作れるよう、ビジネスを展開しなくてはいけません。

④もっと自分に合った職場があるはず

採用する側からすると、一番困るパターンがこれです。理由を聞いても、特に会社に不満があるわけではありません。なのに、なんだかやる気になれず、「きっと私にはもっとふさわしい会社があったはず。会社選びに失敗したのだ」と、ふんわりした妄想だけで退職を選びます。このような新人たちには、対策を立てようがありません。

彼らは、まるでゲームのリセットボタンを押すように転職していくので、スキルもキャリアも手に入りません。ただなんとなく、今と違うどこかを目指しているのです。

こういう人は世代を問わず、どこにでも必ずいますが、個人のスキルアップを真剣に考える令和世代の中にあっては、異質で目を引く存在でしょう。

彼らの退職は、会社のせいでも、上司のせいでもありません。運が悪かったと思ってあきらめます。**別の会社に行っても、おそらく同じ理由で転職を繰り返します**ので、惜しい人材を逃したと後悔する必要もありません。

私たちが対策を考えなくてはならないのは、パターン①〜③の理由で辞めていく若者たちです。理由がわかれば、対策も立てられるはずです。背景を知って、よい相談相手になれるよう、日頃の信頼を積み重ねておくことが大事です。

ゆるくても、キツくても辞める。さて、どうする？

昭和世代の感覚で「キツい」とは「職場がブラックで心や体にかかる負担が大きすぎる」という意味でした。上司のパワハラや長時間労働、能力以上の結果を常に求められる環境が「キツい」の意味するところでした。これなら理解も共感もできますし、改善も可能です。けれども、令和世代の若者が使う「キツい」という言葉は、どうやら、私たち世代とは意味が違うようです。

彼らが「いや、キツいんで無理です」と言うときの「キツい」とは、どういうことでしょうか。どうやら「好きではない」「興味が持てない」「納得できない」「自分に向いていると思えない」「居場所がない」「なんか満たされない」など、モチベーションが持てない後ろ向きな感情を「キツい」と表現しているようです。

こうしたずれが生じたままミーティングを重ねても、問題は何も改善できません。昭和世代は、自分が新人だった頃を思い出しながら「仕事がわからなくてつらいのかな?」「まだ能力的に難しすぎたかな?」と、あれこれキツさの原因を考えますが、若者とはもともと言葉の使い方が違うので、すれ違ったままです。

上司と部下が、そのずれを擦り合わせられれば理想ですが、実際には解決に至ることは稀です。若者世代からすると普段のコミュニケーションギャップを肌で感じているうえに、言葉で説明することが下手なので、「この人に言っても伝わらない」とあきらめ、上司や先輩に心の内を明かしません。

会社的には、話し合って円満退社を目指したいところです。しかし、何も言わずに辞めていく若者の大半は感情の言語化が苦手です。「やばい」「エモい」といったわずかな表現で、あらゆる感情を表現しようとしてきたためかもしれません。同世代では通じる「キツい」が、会社では通じないことに絶望します。

そうして彼らは、誰にも原因がわからないまま消えるように退職していき、残った社員たちにはモヤモヤだけが残ってしまいます。言われた側としては向いていなかったんだなと受け取るしかありません。

会社がゆるくて辞めたくなる場合とは？

この場合の「ゆるい」も、私たち昭和世代とは使われ方が違います。昭和の「ゆるい職場」とは、「残業が少ない」「休みがとりやすい」「ノルマが厳しくない」「円満で受容的な上下関係」などを意味し、心身に優しい状態として、歓迎すべきことでした。

ところが、令和世代の言う「ゆるさ」は、まったく違う意味です。彼らが「この職場はゆるい」と言うときには、「成長の機会がないマンネリな職場」という意味で使います。好ましくない、避けるべき職場として認識されているということです。

バリバリ仕事をこなして**キャリアアップをしたい若者にとって、いつまでもルーティン業務だけを担当させられることは将来に対するリスク**しか感じられず、不安になります。「同世代はもっとバリバリやっているのに、私はこんなところにいていいのだろうか？」

と心配になるのです。

その不安は給料の多寡とは関係がありません。同世代の平均より多めの給料をもらっていても、将来の自分のキャリアにつながらない仕事をさせられている不満はどんどん募ります。そうして、気づいた人から「ここはゆるいから」と辞めていくことになります。

ゆるいと言われる会社の問題はかなり深刻です。仕事が定型業務しかないということは、新規業務に挑戦する意欲がなく、徐々に衰退していくだけの会社だということを意味しているからです。

こういう不安は同世代に伝染します。彼らは、スキルで武装して安心したい世代ですから、一人がゆるさに気づいて辞めると、次々連鎖して辞めていきます。「スキルアップするなら若いほうが有利だ」と、まともな考えを持つ人から退職していきます。

レベルの高い仕事を任されると辞めていく若手腰掛け社員

ルーティンワークしか任されていないのに、今いる場所をゆるいと思っていない若者も一定数いますが、そういう人たちもまた危険な存在です。会社としては、同世代が次々辞めていく中で残って頑張ってくれるなら、ありがたい人材だと思いたいところですが、そうとばかりも言えません。なぜなら、彼らは仕事にやりがいを求めていないために、頭を使わずにできる仕事を「ちょうどいい」と感じている若手腰掛け社員だからです。

昭和の死語「腰掛け社員」とは、「長くいるつもりもないが、一時の間に合わせに働いている人」を意味しました。昔の女性は、結婚すると退職する人が多かったので、「結婚までの腰掛け社員」と揶揄されたものです。

今は性別を問わず、アルバイト感覚で働いている若手腰掛け社員が多い印象です。アルバイトよりは、会社員になったほうが福利厚生も充実しているし、有給休暇もあるしと、楽そうな仕事を選んで会社を渡り歩きます。こういう若者が増えた背景には、労働人口が減り、売り手市場になったことも大いに関係があるはずです。

「仕事は適当にしているけれど、成長は望んでないし、部下もいらない。今の給料と待遇があればそれでいい」

そういう人たちのニーズにちょうどマッチしたため、「ゆるい会社」が選ばれただけです。残ってくれたからと言って、会社に愛着や忠誠心があるわけではありません。もともとやる気がないので、彼らの周りにはよどんだ空気が漂っています。

会社としては、その人が必要なのかどうかを早めに精査しないと後のち困ります。なぜなら、そういう人ばかり残ってしまっては士気が下がりますし、若手腰掛け社員は、難しい仕事や新しい仕事を与えられると辞めてしまうからです。

長く会社にいるからといって必要なスキルが身についているわけではないので、キャリアに応じた仕事を任されてもできません。それが受け入れられず、自信を失う前に辞めることを選びます。

こういう人たちを「いずれ中間管理層に育てたい」と考えていると失敗します。彼らは会社に腰掛けているだけで、すぐに立ち上がってどこかに行ってしまう人だと考えて、はじめから頭数にカウントしてはいけません。

辞めたい若者を無理に引き留めて会社の損害を広げない

私はこの本を「令和世代の若手とうまくコミュニケーションをとって早期に育成するための本」として書いてきました。けれど、ここからは誰も言わない本当に大切なことを書かねばなりません。会社を生き残らせるためには、経営層が新人たちの育成の限界を見極めることが絶対に必要です。

大企業は余力があるので、10人採用して1人残ればいいと最初から思っています。そのため、辞める若者を引き留めません。しかし、中小企業はそうはいきません。採用にかけたコストを回収したい思いもあり、せっかく入ってくれた新人を何とか遺留しようとします。若者の話をよく聞いてやり、職場で改善できそうなところは改善し、腫物に触れるように扱います。その結果、会社は小さな傷を自ら大きく広げていることに気づくべきです。よく考えてみましょう。会社にとって何の利益も生まないのに文句だけ言う人を大事にしていたら、何も言わずに一生懸命働く人たちが不満を感じ、よくない空気が生まれるのは時間の問題です。会社はどちらの人材を大事にするべきでしょうか。考えるまでもありません。

余力のない中小企業ほど、どこかの時点で育成をあきらめ、切り捨てる必要があるはずです。ある程度時間をかけて教育しても成長せず、本人も限界を感じて辞めたいという人を無理に引き留める必要はありません。そこはクールに対応すべきです。

熱血ドラマで育った昭和世代は、こういうときに一人を切り捨てる判断が苦手です。みんなでゴールしたい、すべての人を平等に扱い、みんなで何とかいい感じに終わりたい。しかし、ここはドラマの世界ではなく、ビジネスの現場です。マネジメントの立場にいる

［図 7］ 経営がマネジャーと考えるべき組織力新陳代謝

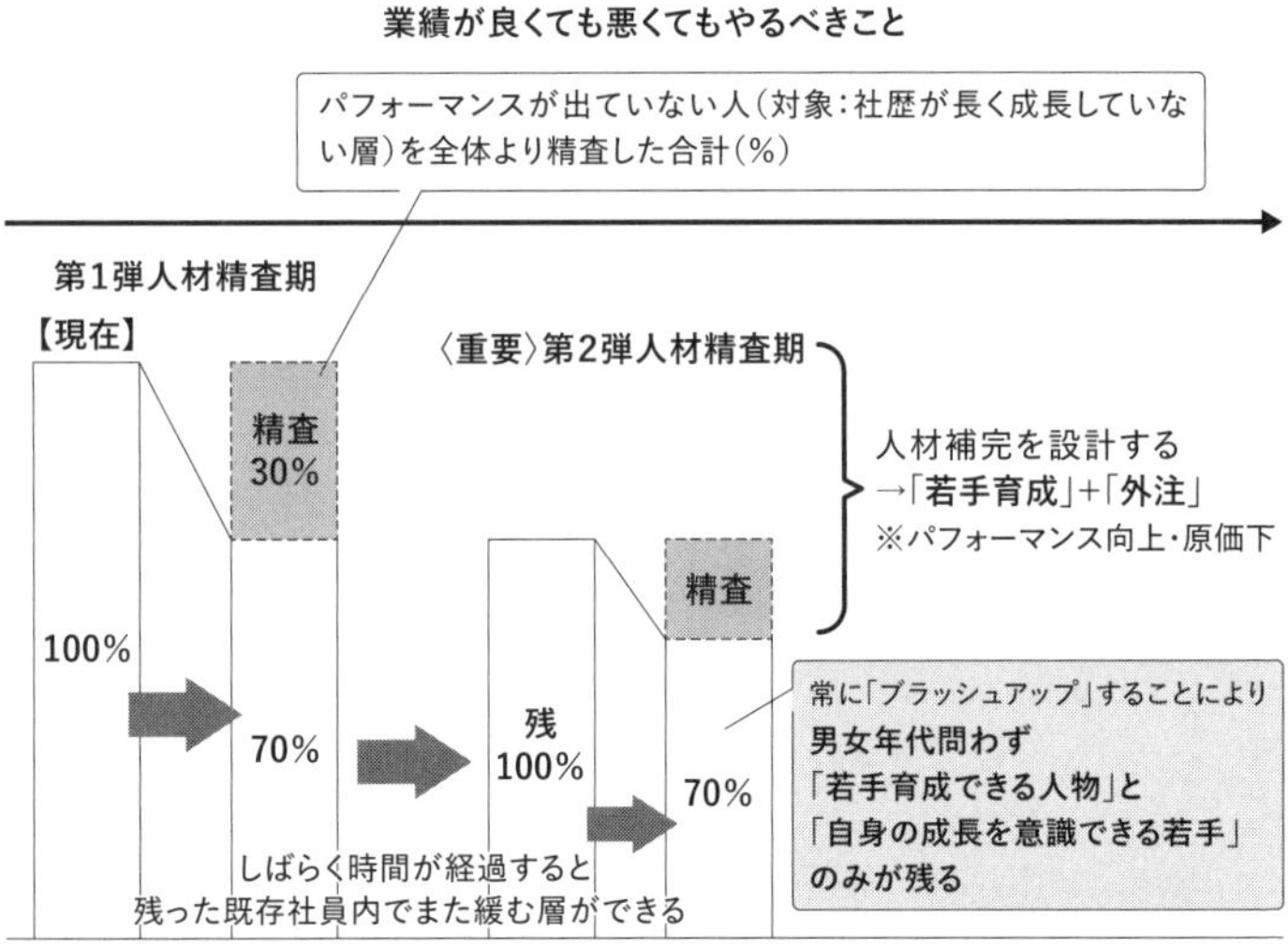
業績が良くても悪くてもやるべきこと
パフォーマンスが出ていない人（対象：社歴が長く成長していない層）を全体より精査した合計（%）
第1弾人材精査期
【現在】
100%
精査
30%
70%
〈重要〉第2弾人材精査期
残
100%
精査
70%
人材補完を設計する
→「若手育成」+「外注」
※パフォーマンス向上・原価下
常に「ブラッシュアップ」することにより
男女年代問わず
「若手育成できる人物」と
「自身の成長を意識できる若手」
のみが残る
しばらく時間が経過すると
残った既存社員内でまた緩む層ができる

【備考】数値はイメージ、社員数は10名以上から

のなら特に、優先すべきことを忘れないよう常に意識しておきます。

厳しいことを言うようですが、経営者は仕事ができない人材を早めに見切るのも大切な仕事です。早く人員を入れ替えて、全体のスキルをブラッシュアップするようにします。

業務委託先の人に問題があるなら、新規にできる人を探してきて交代させます。付き合いの長さや情に引っ張られてはいけません。

間違ってはいけないのは、**会社は一定の社員数を満たすことを求めているわけではなく、実現したい事業成果に**

必要なスキル体制を満たすことを求めています。社員数の補完ではなく、スキルセットの補完を第一に考えます。会社が求める組織のスキルセットに対して、不足しているところを把握しておき、できる社員を中心に据えてセットアップを考えていくようにします。

このように人ではなく、スキルを中心にビジネスを設計する考え方を採用しないと、いつまでもビジネスに貢献できない人間に時間をとられて、会社を潰しかねません。マネジメントをする者は、社員を大切にしなくてはなりませんが、大切にしすぎてもいけないのです。大事なのは彼らの持つスキルであると、冷徹に割り切ることが肝心です。

1on1ミーティングを過信しない

1on1ミーティングが、上司と部下のコミュニケーションを深めるための手段として推奨されていますが、実際にはそれが逆効果になることもあります。日常的な人間関係が十分に築かれていない状態では、1on1の話し合いが形式的になりがちです。

密室での1on1は特に、部下が上司の発言を圧力と捉えやすく、上司はパワハラだと言われることを恐れるあまり深い話ができません。業務に関する表面的なやりとりに終始してしまい、結果として、お互いの本音や人間性が理解できないまま無駄に時間を費やしただけで終わります。

人間関係ができていない状態での1on1は、部下にとっては単なるストレスフルな時間です。1on1を推奨する書籍などのアドバイスを鵜呑みにするのは大変危険です。特に新年度や部署変更のタイミングは、新しい環境に早くなじんでもらおうと1on1を実施しがちですが、これが部下の辞める原因になることがよくあります。管理職は1on1をリスクと心得て、安易に実施しないほうがいいというのが私の考えです。

最近では、部下からのパワハラ申し立てにあらかじめ対処するために、1on1の録音や人事立会いを導入することもあるようです。これは、上司が不当な責任を負わないための防衛策ですが、私にはそこまでして実施する意義が見出せません。まずは普段のコミュニケーションの充実を心がけるべきです。

令和世代の転職はゲームのリセット

会社や上司に不満があるわけでもなさそうなのに、転職してきたばかりの若者が辞めてしまう話もよく聞きます。会社に理由も言わずに、フェードアウトするようにいなくなります。そういう人は、周囲と自分の能力を勝手に天秤に乗せて比べています。そのうえで、自分はここでやっていけるのかと自問し、ついていけなさそうだと判断すると、「やっぱりここは自分のいる場所ではなかった」と新天地を求めて去っていきます。

昭和世代には、会社を辞めることは大きな決断であり、前職を踏み台にキャリアアップできない限りは、辞めようとは思いませんでした。ところが、今の若者は退職をゲームのリセット感覚で行います。ここでつまずいても、またイチからゲームをスタートすればいい。他の会社に移れば、自分が活躍できる場もあるのではないかと考えて簡単に転職していきます。

そういう人は、おそらく次の職場でも同じようにフェードアウトしていく人です。上司は彼らの退職に責任を感じる必要は一切ありません。

令和世代の一部では、心療内科の診断書を辞職の理由として利用するケースが増えています。新卒入社のZ世代が、会社を辞めるのに退職代行を介するという話を聞いたときにもあきれましたが、「うつ」を理由に診断書を提出すれば会社と面倒な会話をせずに、スムーズに退職できると考える若者たちも、どうかと思います。**オンライン診療で簡単に診断書を発行してくれる医療機関の情報が広まり、若者たちはこれを「逃げる口実」として活用している**ように見えてしまいます。

もちろん、本当に心を病む人もいるのでしょう。しかし、退職に伴う周囲との軋轢を軽減するために退職代行や心療内科を利用している人がいるのも事実です。つらいときには逃げていいというのは、正しい教えだと思いますが、嘘はよくありません。嘘をついて逃げた記憶は、今後の人生で自分を責める材料になってしまいます。

近年、駅前の好立地にある心療内科では、診断書一通が数千円程度で即日発行されており、若者たちは手軽なオンライン診療で「適応障害診断書」を即日データでもらい、メールですぐに会社に提出できます。心療内科は、この需要を利用して利益を上げている現状があります。若い世代は、会社を辞める際に自分のプライドを保ちながら、周囲を納得させられる理由が必要なのでしょう。そこで、心療内科の診断書を辞職の手段として選ぶわけです。まさに、若者世代のタイパ的な退職フローテクニックのひとつです。

この風潮が広がれば、社会全体に悪影響を及ぼしかねません。そんな終わり方では、会社側としても、最後まで真摯に向き合ってもらえなかったという虚しさしか残りません。後味の悪い辞め方ですが、上司のせいではないと気にしないことです。

成長ルートから外れた部下にどう対応するか

採用面接を通過し、うまく会社とマッチングが成立して入社してきたはずの若者たちですが、一定のレベルは超えていても、能力には個体差があるものです。部下が10人いたら、10人とも一定レベルのコミュニケーションができるとは考えないことです。

できる部下には、存分に仕事を任せて全方位の才能を伸ばせばいいでしょう。しかし、そうでない部下に多くを求めすぎ、成長させようと頑張ると、かえってストレスに感じて辞めてしまいます。ある程度仕事ができるなら、目をつぶる部分も必要です。「この部下は最低限の仕事はできているから、完璧なレポートの提出までは求めない」など、**個別の対応基準を上司のほうで決めておき、そこに到達できていればよし**とします。

自分の業務は淡々とまじめにこなしてくれるのですから、悪い人材ではありません。力を発揮できる得意な仕事だけを任せるようにして戦力化を図ります。

本来は、とても仕事ができたはずなのに、精神的に病んでしまい周囲との関係を遮断してしまう人がいます。ウェブの業界でよく見かけるのが、音声言語でのコミュニケーションがとれなくなった人です。メールやチャットのように文字で質問すれば、答えが返ってきますし、報告も相談も文字でやってくるので、仕事上はそんなには困りません。ただ、会話をシャットアウトしているので、その人の周囲の雰囲気は重くなります。

適応障害だと自覚し、自分はこの会社に合わないとわかっている人は、まだまともなほうで、病んでいる自覚もなく「大丈夫です」と言い張って社内に残っている人のほうが、実は扱いが大変です。

毎日出社してきても、周りの誰とも関わりません。会社は問題を起こされたくないため、責任がない、やってもやらなくてもいい業務をなんとなく定時までこなしながら時間を潰しています。会社には雑用もあるのでそれらの仕事を任せて、籍を置いている部署や会社もあると思います。けれど、この人たちはもはや会社の利益に貢献できない人間です。

現場と上司が相談して、どのぐらいまで時間（工数）をかけて面倒を見るか、関わるか、いつまで社に残しておきたいかを、MBOや試用期間中タスクにて決めておくほうがいいでしょう。

第5章

少数精鋭企業が実践する人材採用と育成の仕組み

組織をマネジメントするうえでの心得

私は、会社の運営はバンドやセッションのマネジメントに似ていると思ってやってきました。メンバー全員がそのバンドの音楽が好きであることは大前提です。会社の扱う商品に興味が持てなくて、仕事が楽しくなるはずがありません。

各自の扱う楽器は異なります。各々ではしっかり音を出しているつもりでも、一緒に音を出してみると、なかなかうまく揃わないこともあります。

そのうえで、オリジナル曲を作るように商品を開発し、編曲を考えるように各楽器（社員）を奏でる際にどう活用するかを考えていきます。経営が楽曲の方針を決め、全員で編曲し曲を完成させ、ファンに魅力的な演奏と感動の体験を提供し続けることが求められる点も、バンドと会社は似ています。

バンドが楽しいのは、曲を完成させたときです。同じフレーズが完璧に揃うまで何度も練習を繰り返すより、下手でも最後まで通して演奏できた喜びを味わえるようにするほうがモチベーションも上がります。若手には実践経験を積ませ、とにかく最後までできたという楽しさを体験させるべきです。

はじめは楽譜が読めなくても構いません。まずは楽しんで楽器を弾いてみることです。そのうち、徐々にスキルが身についていきます。好奇心を持ってやってみる姿勢を大切にし、あとから理論を理解すれば十分です。特に令和世代には、粗削りなスタートでも、それが自分のキャリアを築く「楽しさの基盤」となっていくはずです。

バンドメンバーに望むのは、与えられた楽器をすぐに鳴らしてみようとする好奇心の強さです。スキル以前に好奇心があれば、これからいくらでも伸びていきます。たとえば「楽譜が読めます」「ピアノを3歳から習ってます」と言う人がいますが、求めているのはそこの書面経歴ではありません。

誰に教えられなくても、楽器を前にすると触ってみたくなり、勝手に手が動いてしまう人のほうが、成長が早くキャリアを作っていきやすいと思います。理屈は後付けで構いません、経験を積んで勘を養いましょう。

「自分に合っている楽器はこれ！」と決めつけずに、いろいろ試しに音を出してみることをお勧めします。思わぬ楽器に出会える可能性大です。

中小企業では、一人が複数の役割を担うことが当たり前です。この環境こそが若手の成長を促進します。しかしながら、なんでもできるマルチプレイヤーだから優れているわけではありません。

幅広いスキルを身につける過程で、自分の業務の位置づけが明確になり、会社全体のビジネスプランを理解できるようになることが大事なポイントです。

多様な業務を経験すると、ビジネスの全体像を俯瞰し、時間の経過とともに力を入れるべきポイントがどのように変化するかを捉えられる視点が育ちます。つまり、経営者と同じ目線でビジネスを見られるようになるということです。ビジネスを自分事として考えることができる社員の揃った会社が、強くならないわけがありません。

このように、少数精鋭の組織では各メンバーがメイン業務をしっかりと習得しつつ、他の業務にも積極的に関わることが求められます。しかし、新しい挑戦が適切に評価される仕組みがなければ、若手が自主的に新業務に取り組むことは難しいはずです。だからこそ、スタート前にその意義や目的をしっかり理解させることが不可欠です。

たとえば、弊社ではウェブマーケティング担当者が商品企画や制作ディレクションにも関わります。これは、メインの業務を成功させるためには、商品をよく知る必要があるからです。開発から関わった商品ならばその分、思い入れも強く、売ろうとするモチベーションも高まります。

このことを理解していれば、サブ業務での負担を嫌がるのではなく、自分のスキルアップのチャンスとして喜んで取り組むようになってくれます。

中小企業の採用担当者が知っておくべきこと

①面接に臨む前に採用設計しておく

中小企業が中途採用を行う際に、最も重要なのは「育てることを念頭に採用しない」ことです。大手企業のように、入社後に新人を振るいにかける採用方法は使えません。中小企業は、限られた人数で効率的に業務を遂行する必要があるため、はじめから即戦力となる優秀な人材を採用することが求められます。

「伸びしろを感じて採用してみたけれど、使い物になりませんでした」では意味がありません。人柄や将来性よりも現在のスキル重視で採用します。

採用は事前の計画から始まっています。会社がこれから実施していきたいビジネスに必要なスキルを洗い出し、**現在のメンバーで補完できないところを採用で補う**という考え

[図8] 面接・採用時に必要な経営(採用担当者)の思考

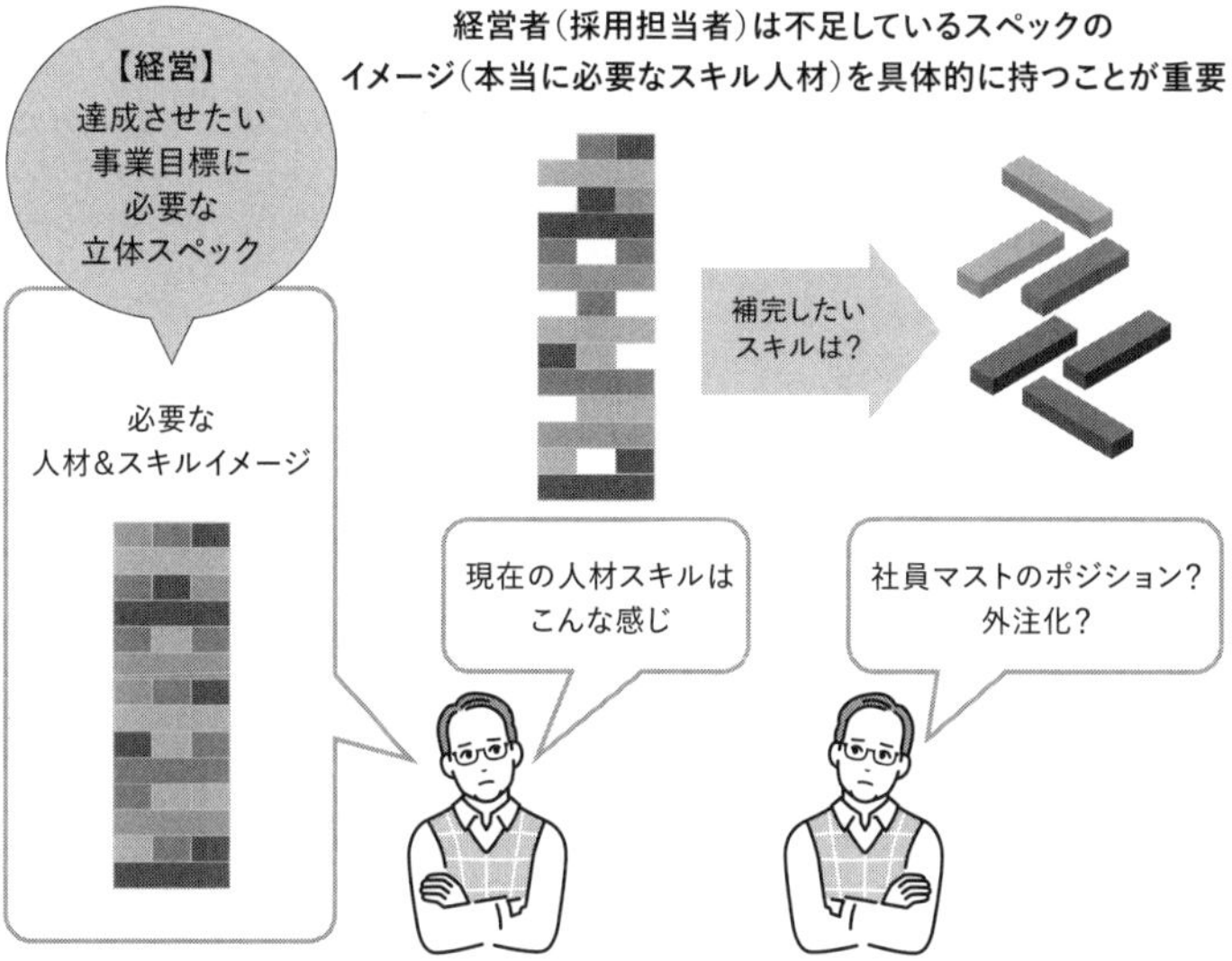

方です。職種やポジション別に求めるスキルや経験を明確にし、面接時には、その基準に合うかどうかだけを冷静に判断していきます。

前の段落と矛盾するようですが、実際には必要なスキルをすべて満たす人材は、そうそう現れません。中小企業では一人ひとりの役割が多岐にわたるため、幅広いスキルを持つことが求められるからです。

そのため、たとえすべてのスキルを持っていなくても、基本的にはメイン業務のスキルと、あとは勉強する気持ちがあれば問題ありません。**面接時に**

はスキルの欠如部分をどのように補うつもりかを確認することが重要です。向上心の有無は見るべきポイントです。

中小企業では、業界未経験の転職者に対して前職と同等かそれ以下の年収を提示することが一般的です。スキルや経験が不足しているのに、年収アップを希望する人物は要注意です。そういう人には、試用期間中のパフォーマンスに応じて年収を見直すことが可能であることを伝え、はじめから過剰な要求を呑むことは避けるべきです。

また、弊社のように個人情報を扱う会社にとって、倫理観を欠いた社員の採用は致命的です。履歴書や職務経歴書に不審な点がある場合は、リファレンスチェックなどを用いて、慎重に調査する必要があります。企業の信頼性を守るためには、信用できる人材を採用することが不可欠です。

②リファレンスチェックの重要性

リファレンスチェックとは、採用候補者の過去の同僚、上司、部下などにアンケート形式で候補者の評価を依頼することです。在職中でも退職後でも、前職の関係者からの**リ**

ファレンスが提供されてくるかどうかが評価の分かれ目です。

円満に退職できなかった人の場合、元の職場の人たちとやりとりができないため、アンケートを依頼できずにリファレンスが提出されてくることはありません。きちんと提出してくれる候補者は少なくとも前職では問題がなかったと判断できます。最終面接が終わった段階で、これぞと思う人材にはリファレンスチェックを依頼するべきです。

この手続きを怠ると、のちに問題が発生するリスクが高まります。特に履歴書や職務経歴書の内容が不明瞭で怪しい場合は、必ずリファレンスチェックを求めましょう。候補者がリファレンスを提供できない場合は、経歴を偽っている可能性があると見て、注意が必要です。

「事業部がなくなったために転職した」「会社が倒産し、元同僚と連絡が取れない」など、正当な理由があるならば、それを明確に記載すべきです。転職エージェントに採用を依頼した場合、エージェントはリファレンスを取ってくれませんので、こちらが本人に提出を求める必要があります。

私は最初、リファレンスチェックの有効性について半信半疑でした。しかし、実際に導入した身近な会社の事例を聞くと、リファレンスを提供できる候補者とできない候補者の違いが明確で、ここで振るい分けできることを知りました。リファレンスを提供できる人は、良い点も悪い点も含めて評価材料が増えるため、採用決定に大いに役立ちます。

リファレンスチェックにはそれなりのコストがかかりますが、誤った採用決定によるリスクを回避するためには、必要な費用だと考えましょう。適切な人材が採用できれば、企業は長期的な成功を確保できます。費用はそこで回収できますので、出し惜しみしないことです。

③試用期間を有効に活用する

採用後の試用期間は、スキルを見極める重要な期間です。半年の試用期間中にＯＪＴを通じて、実際の業務遂行能力や組織・業務への適応力を確認します。この間のパフォーマンスで、最終的な採用判断を行うようにします。

試用期間は正規雇用契約前の本人スキルなどを見極めるための審査期間ですから、**ここ**

で妥協せず、試用期間で終了し、本採用はしない決断を企業側の権利でしっかりと行使するべきです。

「今は人材不足だし、せっかくわが社を選んできてくれたのだから」と妥協して本採用に進むと、あとから会社が困ります。雇用契約を結んだ社員を会社の都合で辞めさせることは、よほどの事情がない限り難しいからです。試用期間で自社にはスキルが足りない、本人の希望する職務内容がマッチしないと判断したら、きちんとそれを伝えてお引き取りいただきましょう。

私が試用期間に見ているのは、その人の性格と担当部門のパフォーマンスです。まじめでコツコツと努力できる人は、現状でスキルが多少足りていなくても、確実に学んで身につけてくれます。やる気を表に出さなくても、地道に業務を遂行できて必要な報告を適切なタイミングで上げられる人ならば、本採用に進みます。

採用面接では応募者のどこに着目すべきか

採用面接は、会社と応募者の相性を確認するための場です。会社はこういう環境とこれだけの時間を用意して、「あなたにこういうスキルをつける機会を与えることができます」と開示します。それが候補者本人の求めるキャリアプランにマッチしなければ、お互いにメリットはありません。あとから「こんなはずではなかったのに」という状況が生まれないように、どれだけ両者が腹を割って話せるかが大事になってきます。

最近は、転職コーディネイターの教えも変わったようで、前職の不満などを面接の場で本人から正直に聞く機会も増えました。かつては辞めた職場を悪く言うのはタブーとされていましたが、今は積極的に本当の退職理由や現（前）職場の雰囲気を開示せよと言われているようです。

そのため、最近では若い方に転職理由を聞くと「事業の成長が見込めない」「ルーティンワークばかりで面白くない」「特定のスキルしか身につかない」など具体的に説明してくださる応募者が増えました。特に大手からベンチャーへの転職を希望している若手に多い傾向です。その人が会社の何を嫌だと思うかは、相性を見る際の重要なポイントです。できるだけ詳しく聞いておきましょう。

採用希望者の志望理由は様々です。大事なのはその人の望みが入社後、叶うのかどうかです。そのために、その人が働くうえで一番大切なことは何なのかを聞くようにします。商品開発で一発ドカンと当てたいのか、ウェブのスキルアップがしたいのか、居心地の良い場所で長く働きたいのか。それを聞いたうえで、望む環境を用意できるのかどうかを考えます。

中途採用の場合、面接は多くても2回しか行いません。1回目は、その人のスキルを確認します。2回目は、社風とその人の性格がマッチするかどうかを見ていきます。私は聞くべきことを聞いて雑談に移ったら、こちらは相槌だけ打って相手の話すことを聞いていることが多いです。**何もないところから何を話し始めるかに、その人のパーソナリティが現れるので、そこを見ます。**ビジネス現場での話し方を含めた、基本的なマナーが身についているかどうかも、ここでチェックしています。

履歴書に書いてあるスキルは実際に入社してみないと、こちらの求めるレベルに達しているのかどうかがわかりません。そのため、私は面接の場では本人の向上心の有無を見ています。やる気さえあれば入社後に伸びるので、必要レベルをすぐにクリアしてくれるはずです。目指す人物像や将来のキャリアプランなど、どんどん聞くようにしています。

逆に、こういう人は**採用したくないなと思うのは、前職で何の成果も出していないのに辞めた理由を自分以外の誰か、何かのせいにしている人**です。トラブルの原因が外部にしかないなどということはあるはずがないのに、内省ができないので自分の悪かったところがわかりません。そういう人は、どんな会社に行っても同じことを繰り返しますので、私なら採用しません。

最近は、前職を辞めた理由を聞くと、「仕事の内容と自分のレベルが合っていなくてついていけなかった」「ハラスメントにあった」のどちらかを言われることが増えました。以前は、「あそこでは自分が成長できないので」「会社の天井が見えたので」と、一段上の環境を求めて転職してくる人が多かったのに、そんなセリフはこの何年も聞けずにいます。本当はそういう人に来て欲しいので寂しい限りです。

採用面接で必ず聞く4つの質問：マッチングのポイントリスト

①「業界・業務の志望理由（商品・サービスに興味・関心はあるか）」

何をいまさらと思われるかもしれませんが、この質問は実はとても大切です。形式的すぎる質問なので、どうせ紋切り型の回答しか得られないだろうと、採用担当者は軽視しがちです。しかし、意外にこの基本がマッチしないために辞めていく人も多いのが現実です。

弊社は化粧品の企画製造販売を行う会社です。美容系に興味がなければ続きません。単にウェブやＥＣのスキルを伸ばしたいと思っている人たちは、商品に対する愛情がないため、利益を作る戦力になれません。その**会社が提供する商品やサービスを愛することができないまま入社しても、仕事が楽しいと思えず辞めていく**原因になります。

②「将来設計（近い未来、どうなっていたいのか）」

中途採用面接で会うことが多い20代後半の若者にとって、30歳前後はキャリアの重要な岐路となる時期です。将来をどう考えているのかによって、会社としてはその使い方が変わってきます。特定の仕事のスペシャリストになりたいのか、マネジメントにも挑戦したいのか、いずれ独立したいのかなど進路に対する方向性を確認することは、会社の将来設計にとって重要です。

また、**採用は常にビジネスの設計図に基づいて行われるべき**です。現在の候補者のスキルが会社のニーズとマッチしていても、数年後に合わなくなることがわかっている人材を採用するわけにはいきません。候補者がマネジメントに興味がなくスペシャリストになることだけを目指している場合、組織の成長やチーム構成を考えるうえで慎重な検討が必要になります。

③「好奇心と向上心の有無（勉強は好きか）」

20代の若者は、好奇心の対象が狭く、自分の仕事を自分で限定しがちで、広範な知識を吸収する意欲が低いことがあります。しかし、ビジネスにおいては、メイン業務のスキルだけでなく、周辺の知識や関連分野にも興味を持ち、積極的に学ぶ姿勢がとても大切です。

中小企業は人的余裕もないため、教育にあまり時間を割けません。上司や先輩が手取り足取り教えることができない以上、候補者には入社後に自分から学ぼうとする意欲が求められます。自分の仕事とは関係なさそうに見えることでも、興味を持って取り組める若者は、多少スキルが足りなくてもぜひ採用したい人材です。

④「ストレス解消法の確認（趣味はあるか、休みの日はどう過ごしているか）」

この質問はプライベートに踏み込んでいるようで聞きにくいかもしれませんが、働く人のメンタルヘルスにとって重要な意味のある質問です。趣味がなく、ストレス解消法が何もない人はメンタルを病みやすく、せっかく採用してもすぐに辞めてしまうリスクがあるからです。

オンとオフを適切に切り替え、自分なりのストレス解消法を持っている人は、長期的に健康的な働き方を維持できる人材だと判断することができます。

また、人は自分の好きなことならいくらでも話せるものです。それなのに、**趣味につい**

て質問しても何も話せない人は、コミュニケーション力の不足が疑われます。それを確認する意味でも趣味の話は有効です。

飲みニケーションに代わるもの

会社での飲み会、いわゆる「飲みニケーション」は、もともと普段から接点の少ない他部署の人たちとの交流を深め、仕事を円滑に進めるための場として会社主導で行うものでした。家族的付き合いを重視していた昭和の会社では、アルコールの力を借りて本音を言い合う場も必要だったのでしょう。

しかし、現在の働き方改革や36協定の遵守が厳しく求められる中にあっては、飲み会が「残業」と捉えられてしまうケースも少なくなく、会社（上司）主催で開くには様々な課題もあり、参加者もどんどん減っていくことでしょう。
また、若者のアルコール離れも加速した現在、会社内での交流の場は、よりライトなものを意識的に作る必要性が生まれました。

弊社では、その代替策としてランチ会を開催しています。午前と午後の仕事の合間にリラックスできる時間を共有することで、自然な形で社員間の交流が生まれています。ランチ会のようなカジュアルな場であれば、仕事の枠を超えて気軽に話ができ、それが普段のコミュニケーションの円滑化にもつながっています。

飲み会にせよ、ランチ会にせよ、目的は仕事の話をする前に、まず「話せる状態」を作ることです。気軽にコミュニケーションをとれる場を設けることで、後のち仕事がスムーズに進む土壌が整います。ボウリング大会でもスイーツの食べ歩きでも、形式にこだわらず、参加する人たちが楽しめて、互いに関われる機会を増やすことが肝要です。

社員のリフレッシュに会社は介入しない

かつては、大人数の社員旅行や飲み会などを開催していた会社もありましたが、それで社員同士の仲が深まるわけではありませんでした。たとえば、ボウリング大会のチーム分けに工夫を凝らしても、飲み会の席次を考えても、結局は話したい人としか話さず、話したくない人とは最後まで話さないまま終わることがほとんどです。

このような状況では、会社が「交流の場」を提供しても、社員同士のコミュニケーションが促進されることはありません。実際、会社主導の強制的なイベントでは、お互いに気まずさやストレスを感じるだけで、真の目的である「社員同士の絆を深める」には至りません。

特に、都市部の社員数が少ないベンチャー企業では、全員が一体感を持って取り組むイベントがうまく機能しない場合がほとんどです。若い世代ほど、最初から会社に一体感を求めていないので当然と言えば当然です。

地方の老舗企業では、運動会など社員の家族も巻き込んだ大がかりなイベントが長く続いているかもしれませんが、ベンチャー企業で無理にそうしたイベントを企画するのは、かえって逆効果です。

それならば、少人数でも、個別にコミュニケーションがとりやすい環境を整えることのほうが大切です。**参加することにストレスを感じさせない、カジュアルな場を提供することで自然なコミュニケーションが生まれるような仕掛けを考えればいい**だけです。

飲み会で日頃のストレスを発散し、リフレッシュするという考え方は、もはや過去のものとなっています。現代の若者にとっては、気を遣う相手と好きでもないお酒を飲むことは、苦痛以外の何物でもありません。

弊社の20代の社員たちは、韓流アイドルのライブに行くために午後休を取ったり、有休を使って推し活を楽しんだりしています。彼らにとって気持ちをリフレッシュする最良の方法は、自分が好きなことに没頭することであり、それが一番効果的だからです。

会社主催のバーベキュー大会などのイベントは、今や相当な理由がないと参加者が現れません。現代では上司や同僚が「飲みに行こう」と誘うだけでも、「私、何か失敗した?」「変な下心があるんじゃないか?」と警戒されてしまいます。飲み会の意味が重くなりすぎて、気軽に誘える雰囲気が消えてしまいました。

こうした状況の中で、社員のリフレッシュにまで会社が介入しようとするのは、むしろ迷惑です。個人の自由に任せて、休暇を取得しやすい環境を作るほうがよほど喜ばれるはずです。

参加者全員が納得できる会議をマネジメントする

タイムイズマネーの意識を持とうと言われ続けている割に、日本の多くの企業はいまだに無意味に長い会議やミーティングを行っているように見えます。その原因は、アジェンダをきちんと設定していないことにあります。効率的な会議やミーティングを行うためには、アジェンダの質が重要になります。

弊社では、**人事査定の個人面談やMBO設定のためのミーティングでも、一人当たり10分ほど**で終わります。これは、事前準備がしっかりしているからできることです。ミーティングにおいて、上司と部下が決めるべきこと、話し合うべきことを具体的にしておくことが時間を浪費しない秘訣です。

私自身、会議を長引かせるのが嫌いで、30分の予定が5分で終われば、その分を他の重要な業務にあてたいと考えます。そのためにも、アジェンダは提案者に話させることにしています。自分で考えたアジェンダなら説明も簡潔にできるはずですし、議論が散漫になるのを防ぎ、目標に向かってブレずに進めます。話すことが苦手な若手の訓練の場としても有効に使えます。

令和世代の部下にとっては、他人の目を気にせず、自信を持って意見を述べることは、慣れない環境において大きな壁でしかありません。なんの手も打たなければ、乗り超える前にあきらめてしまうことも考えられます。上司は会議の雰囲気づくりを意識し、世代に関係なく、全員が納得できる結果を生む会議をマネジメントしなくてはいけません。日本の企業では、会議中に発言を控え、終了後に本音を言い出すケースが多く見られます。これでは、何のための会議なのかわかりません。

上司は会議の場を発言しやすい雰囲気に設計する責任があります。心理的安全性を確保できるよう、発言のルールを明確にし、肯定的反応を引き出すようにしなくてはなりません。否定的発言しか出てこない場では、誰も意見を言いたがらないのは当たり前です。重要なのは、終了後の井戸端会議での本音を、いかに本会議で引き出すかです。

熱量のあるパートナー企業と協力関係を築く

弊社のような小さな会社は、社員が企画したり判断したりする必要がある業務以外は、すべてマニュアル化して外注に委託しています。「マニュアル仕事なんてどこに頼んでも同じだ」と考えるようでは、会社を強くすることはできません。いかに自分の会社と同じ熱量で仕事をしてくれるかが、パートナー企業を選ぶときに見るべき大切なポイントです。

そもそも、社内に定型業務を置かない理由は、労働人口が減り、採用も育成も難しい時代になってしまったからです。となると、本来なら自社内でコミュニケーションをとりながらスムーズに進めたかった業務を外注先に依頼するわけですから、社内と同程度にコミュニケーションがとれる相手でなくてはなりません。こちらからその関係を作る必要があります。

マニュアルの改変があった際に「新しくこのように決まったからお願いします」だけでは、依頼された側に仕事の意義が伝わりません。

「以前のマニュアルでAという問題が発生し、その対策としてアイデアBを採用したので、改変した点に気をつけて業務を行ってください。Aの問題が改善できたかどうかに注意して報告をお願いします」

ここまで伝えれば、自分の仕事が委託元のビジネスにどうつながり、どう役に立つのかまで理解できます。自分がビジネスに貢献している実感は、どんな職場においても大切です。外注先だからとコミュニケーションに手を抜かず、良い関係性を築き上げていくことが重要です。

私たちは、自社でできないところを外注に頼っています。その意味で両者は対等です。ただ、そうはいっても、こちらはそれなりのお金を払って委託している側ですから、外注先に業務の裁量をすべて任せるようではいけません。

社内の人間は若くてもベテランでも、工数、原価計算などをしたうえで、外注先に指示を出せる人材であるべきです。委託した仕事の内容を理解できておらずに、外注先から逆に指示を出されるような人材は論外ですし、コミュニケーションが足りずに外注先からの信頼を得られない担当者であっては困ります。

外注先との窓口となる社員は、パートナー企業に自分たちのビジネスを共有し、同じ目的のために進んで協力してもらえるよう、外注先を育てなくてはなりません。私からすると、社員も外部のパートナーも同じ育成対象です。お互いにビジネスを良くしていこうという意識で協力関係を築けたら、会社は間違いなく強くなります。そのためにコミュニケーションの重要性を説いているのです。

自社の社員も外注先もZ世代が多くなりました。私や取引先の部長は昭和のおじさんなので、必ずZ世代社員との間にコミュニケーションロスが生まれているはずです。そこを改善して、連携を強くしたいからこそ、まず自分たちが社内のZ世代とコミュニケーションできるようになろうと考えました。

彼らの特性を理解したうえで、外注先のコールセンター社員、OEMの工場の社員、広告代理店の社員と、**コミュニケーションの相手を広げて連携強化を図れたら、それが中小企業の生き残り戦略として有効**であることが証明できるはずです。

実際に、弊社は社員5人で、年間売り上げ8億円を達成しています。令和時代のマネジメントは、様々な価値観を持った世代が集まり、混沌とした組織になっているため、「どの世代にも通じる人間の真意」がより大切になってくると思われます。上司や経営側がもっと人（社員）と向き合う姿勢を見せることが最重要だと考えます。

おわりに

生きた言葉を持って人間力を育てる

ミレニアムが近づきつつある12月の冬。

熱風と砂埃が舞う東南アジアのいまだ第三世界と呼ばれる紛争中の地で、「先生」と呼ばれるその人の強い後ろ姿を私は見つめていました。

すでに60代半ば近くというのに、大学生より元気に動き回り、様々なものを食べ、いろいろな国の方と分け隔てなく話をして、四輪駆動の大きなピックアップの助手席に乗り込み、内戦中の異国の地を走り回り、トレンドマークは、「銜えタバコ」と「大きなサングラス」と「杖」……。

これは、二十歳になる頃、人生の師として、初めて心より「先生」と呼び、そして、最初で最後となった私の先生、脚本家の小山内美江子さんの素顔です。

幼少期から「先・生」というワードに対して、常に強い違和感を抱かずにはいられませんでした。先に生まれた人物に対して本来「尊敬の念」を込めた呼び方（単語）だということとは理解していましたが、どうもしっくりときません。

この国はなんでもかんでも「○○先生」と呼びたがる傾向が強く、今の日本人は「職業的先生」以外で本当に尊敬の念を示したい方に対して、「先生」と呼ぶことができなくなったのではないかと思います。昭和時代、義務教育下の校内では、理不尽で何かを教えた気になっている大人のポジション名である「せんせい」が、若者を力ずくで押さえつける風習がよく見受けられました。

「一体、誰の、なんのための、『せんせい』だったのか?」

今でも疑問に残る感覚です。実際問題、小学校から高校までの担任教師の名を誰一人フルネームで言えないのが現状です。それだけ、何の記憶も印象も、そして正直、尊敬の念もなかったからでしょう(同じことを高校のときの同級生が言ってました)。


実家を出て二十歳になる大学生時代、私自身が国際ボランティア活動をしていたご縁で当時、小山内美江子さんと出会いました。そして、なぜだか不思議ですが、その後も交流が続き、気がつけば30年近く自然と「先生」と呼ばせていただくようになっていました。成人になり、初めて自然体で「先生」と呼べる方と出会えたことは、いつしか大変幸せなことだと、出会いに感謝し、また、それだけ「先生」という存在の意味を小さな頃から大切にしてたのかもしれません。

出会った当時、小山内先生はテレビドラマ『3年B組金八先生』の脚本執筆、海外NPO活動、講演会などで多忙でしたが、何かあるごとに相談に乗ってもらったり、時折、ご自宅にうかがって食事をご馳走になったりしいてました。

その30年間（特に後半の15年ほど）は毎年、小山内先生の誕生日前後に合わせて、鶴見のご自宅にうかがい、先生の大好きな肉や鮨を持ち寄って一緒に大河ドラマなどを見ながら、くだらない馬鹿話をしたり、業界の裏話を聞いたり、時折ドライブに出かけたりしていました。

マスコミ業界の方が先生と話をするときは大変緊張するという話をよく聞きましたが、それはプロの先生の顔だったからでしょう。なぜか私は最初から厳しさをあまり感じることなく、「田島君、あなた学生の中で一番生意気よ！　ま、それがいいのよ！」と初対面のときから言われ続けていました。数千人以上の大学生の中から「一番生意気賞」をいただいたことは大変光栄でした（笑）。

当時（20年以上前）、先生の執筆部屋でタバコを吹かしながら、いろいろ雑談させていただいた記憶があります。特に先生との会話の中身は会っているときでも、電話越しでも、国際・時事・地理・歴史などの話題が多いので、常に頭をクリーンにしていないと、ついていけなくなります。先生は、「いつでも、どこにいても、誰に対しても、どこの国に行っても」相手の目線までレベルを下げて、ストレートにわかりやすい言葉で話してくださる印象があります。その姿勢が本当にかっこよく、必ず冗談交じりに話すチャーミングさでもありました。

恩師と呼ぶと怒られ、「じゃ、45歳以上離れた年上の女友達ですかね？」と言ったら、爆笑されました。いつも、冗談交じりで、茶目っ気ばかりの先生でしたが、何事にも真剣に向き合っていて、体の調子が悪くて車椅子になっても、海外やイベントに出ようとする根性はさすがとしか言いようがありませんでした。

この方を自然と先生と呼ぶ人が国内外に何千人も存在しているのは事実です。小山内先生に関わった皆さんがどのような気持ちを込めて「先生」と呼ばれているかわかりませんが、おそらく戦後日本で、これほどまでに老若男女に向けて「人間教育の本質」について「文章」「言葉」を武器に、メディアやテレビドラマを通じて訴え続け、影響を与え続けた方はいないでしょう。

晩年、先生とお花見をした日の帰り際、語りかけてくださった言葉を紹介します。

「嬉しかった」「美味しかった」「楽しかった」

お花が大好きだった先生。今度は京都の綺麗なお庭でおしゃべりしましょうか。


「教育」とは、教え・育むことですが、ネット・AI時代だからこそ、現代のような混沌とした会社組織の中でも、社会性以前に人間力を育てるには、生きた言葉を持って真言を伝えていくことが一番重要なことであると自負しています。

常に相手と同じ目線に立ち、真剣に、勇気ある愛の言葉を持って。

田島一貴

2024年初冬
プルチャームに携わってこられた皆さまに感謝の意を込めて。

ブックデザイン　金澤浩二
編集協力　はんだあゆみ

[著者略歴]

田島一貴（たじま・かずたか）

プルチャーム株式会社代表取締役。ECH株式会社取締役。1974年東京都広尾生まれ。大学時代、国際NPO・NGO団体を通じて海外ボランティアの現地活動を30か国以上で経験。新卒で大手介護総合事業会社に入社し、特別養護老人ホーム、デイサービスなどの立ち上げ、開発業務に携わる。その後、大手総合商社のIT系子会社を経て、アフィリエイトサービスの最大手上場企業で企画責任者として従事。EC運営・ウェブマーケティングを行うECH株式会社に入社後、2021年6月、D2Cにて女性向けヘアケア商品・化粧品・健康食品の企画・販売を行うプルチャーム株式会社を設立、代表取締役に就任。また、2017年より犬用おやつブランド「CheriWAN（シェリーワン）」サービスを開始。同社は創業後わずか２年で年商６億円を突破。数字に強い人材を育てる独自の育成法を確立し、日々実践している。

若手《わかて》が伸《の》びる会社《かいしゃ》が育成《いくせい》でやっていること

2025年2月1日　初版発行

著　者　田島一貴

発行者　小早川幸一郎

発　行　株式会社クロスメディア・パブリッシング
〒151-0051 東京都渋谷区千駄ヶ谷4-20-3 東栄神宮外苑ビル
https://www.cm-publishing.co.jp
◎本の内容に関するお問い合わせ先：TEL（03）5413-3140／FAX（03）5413-3141

発　売　株式会社インプレス
〒101-0051 東京都千代田区神田神保町一丁目105番地
◎乱丁本・落丁本などのお問い合わせ先：FAX（03）6837-5023
service@impress.co.jp
※古書店で購入されたものについてはお取り替えできません

印刷・製本　株式会社シナノ

ISBN978-4-295-41057-7　C2034